孔子の教え

小丸成洋
佐藤利行
編著

白帝社

まえがき

『易経《えききょう》』繋辞伝《けいじでん》上に、次のような孔子の言葉が見える。「書は言を尽くさず。言は意を尽くさず」。すなわち、文字として書かれたものは言いたいことを述べ尽くし得ない。言葉は心に思ったことを言い尽くし得ない、というのである。確かに、心に抱く思いを言葉で表現することは難しいし、言葉で表現することが出来ない感情というものもある。同様に、文字に書き出すと言葉で表現できることが完全には表現しきれないこともある。

孔子は、先の言葉に続けて、「然《しか》らば則ち聖人の意は、其れ見るべからざるか」と言っている。孔子みずからが、聖人の心の内は、見ることができないのであろうか、というように、我々が書物を読む時にも、著者の真意を本当に正しく理解できているのであろうか、ここに書かれた言葉によって筆者のいかなる思いを汲み取ればいいのか、と自問自答することも確かにある。

今回、福山市立大学の佐藤学長とともに『論語』の中から三十五の孔子の言葉を選び、その言葉によって孔子はいったい何を伝えたかったのか、その言葉に込められた孔子の思いはどのようなものであったのか、を「学問の意義」「政治のあり方」「人としての生き方」『仁』の思想」という四つの章に分け、我々なりの考えを本書にまとめた。

二〇一九年の末から流行しはじめた新型コロナウイルスの世界的感染拡大、二〇二二年二月に始まったロシアによるウクライナ侵攻など、誰しもが想像だにできなかった事が、次々と現実社会で起こってしまった。かかる混迷した時代を生きていくための鍵となる孔子の言葉を味わい、言葉の中に込められた孔子の真の思いを読み取ることができればと願っている。

小丸成洋

目次

政治のあり方

人としての生き方

孔子の教え

孔子の生涯

孔子《こうし》は、名は丘《きゅう》、字《あざな》は仲尼《ちゅうじ》で、魯《ろ》の昌平郷陬邑《すうゆう》（今の山東省曲阜県《きょくふ》）に生まれた。その生年については、司馬遷《しばせん》の『史記』孔子世家《せいか》では襄《じょう》公二十二年（前五五二）というが、『春秋《しゅんじゅう》公羊伝《くようでん》』では襄公二十一年（前五五二）十一月庚子に生まれたという。

父は叔梁《しゅくりょう》紇《こつ》（叔梁が字、紇が名）といい、魯に仕える下級武士であった。宋の大夫であった孔防叔の子孫で、魯においては勇士として知られていた。母は顔《がん》氏の女《むすめ》で名を徴在《ちょうざい》といった。年若い徴在は叔梁紇の三人目の妻（正妻ではなく側室）として嫁ぎ、孔子を生んだ。孔子を生む前に、母徴在は尼丘山に祈りをささげた。ために尼丘山にちなんで名を「丘」、字を「仲尼」としたのであるという。

孔子は三歳の時に父を亡くし、貧窮の幼少年時代を過ごすことになった。孔子が「吾少《わか》くして賤《いや》し。故に鄙事《ひじ》に多能なり」（『論語』子罕篇）と言うのは、そうした事情を述べたものと思われる。幼少年時代の孔子は、礼儀を好み祭祀のまねごとをして遊んだという。十五歳で学問に志した孔子は、二十歳の時に結婚し、翌年には長男の鯉《り》が生まれている。こうした状況下にあって、孔子は魯の委吏（倉庫の出納係）や司職吏（家畜の飼育係）となったが、その勤務態度は公平実直なものであった。その後の役人生活については、よく分かっていない。

三十歳の頃には、学問においては基礎が固まり自立することになったが、三十五歳の時に、魯の国では家臣であった三桓氏が政治の実権を握り、ために昭公は斉に亡命するという事態になった。孔子もまた昭公のあとを追って斉に行った。斉での滞在は約一年半であった。やがて魯に帰った孔子のもとには、その名声を聞いて入門するものが多くあった。しかし、孔子が士官する機会は容易には訪れなかった。

孔子が士官するのは五十二歳、魯の定公九年の時である。はじめは中都という町の宰（長官）となり、次いで司冦（司法官）、大司冦（司法長官）と栄転した。この間、定公の相（事務総長）として魯と斉との会盟で活躍するなど功績を挙げたが、他の重臣の圧力や隣国斉の妨害にもあって、結局、自分の理想とする政治を実践することなく、魯を去って諸国を遊説《ゆうぜい》することになる。孔子、五十六歳のことである。

以後、十三年もの間、諸国を遍歴したが、孔子が立ち寄った国や都市は、衛《えい》、匡《きょう》、鄭《てい》、曹《そう》、宋《そう》、陳《ちん》、蔡《さい》 葉《しょう》、楚《そ》などであるが、ついに政治への希望を空しくして、六十九歳の時に魯に帰った。

魯に戻って以降は、古典の整理や著述、門人の教育に力を注ぎ、魯の哀公の十六年（前四七九）に七十四歳で世を去った。

『論語』について

『論語《ろんご》』は、言うまでもなく孔子とその弟子たちの言行録である。全十巻二十篇からなり、孔子および孔子と弟子に関する話を記している。『漢書《かんじょ》』芸文志には次のように記されている。

> 論語とは、孔子、弟子《ていし》・時人に応答し、及び弟子相与《とも》に言ひて、夫子《ふうし》に接聞せし語なり。当時、弟子各〻《おのおの》記す所有り。夫子既に卒《しゅつ》して、門人相与《とも》に輯《あつ》めて論纂《ろんせん》す。故に之を論語と謂ふ。

つまり、孔子の没後、門人たちが論述編輯したものであるから『論語』と名付けたというのである。

弟子たちが、先生がこんなことを言った、こんなことがあった、という記憶によってまとめたものが『論語』であるから、孔子の言葉は概して短いものが多い。また、いわゆる繰り返しや対《つい》になる言葉が多く、これらは孔子が弟子たちに覚えやすいようにと工夫したためと思われる。

日本へは、応神天皇（二七〇～三一〇在位）の時に百済《くだら》の博士王仁《わに》によって伝えられたといわれる。以後、盛んに読まれ、江戸時代には伊藤仁斎の『論語古義』十巻や荻生徂徠の『論語徴』十巻のような優れた注釈書も生まれた。

現在伝わる『論語』は、以下の二十篇から成っている。

学而第一　為政第二　八佾《はちいつ》第三　里仁第四
公冶長《こうやちょう》第五　雍也《ようや》第六　述而第七　泰伯第八
子罕《しかん》第九　郷党第十　先進第十一　顔淵第十二
子路第十三　憲問第十四　衛霊公第十五　季氏第十六
陽貨第十七　微子第十八　子張第十九　堯曰《ぎょうえつ》第二十

これらの各篇については、例えば八佾篇には礼に関しての言葉が多く見られ、子張篇には門人の言葉ばかりが見られるなど、ある程度のまとまりのようなものは認められるが、別に統一性があるものではない。

また各篇に付けられた篇名も、例えば「学而篇」では、「子曰、学而時習之」と篇の最初に置かれた章の冒頭の二字を取っているし、「為政篇」でも、「子曰、為政以徳」の冒頭二字を取っているように、便宜的なものであって、内容的に分類されたものではない。

最後に、『論語』を読むための参考書として比較的手に入れやすいものを紹介しよう。

吉川幸次郎『論語』中国古典選（朝日新聞社）
吉田賢抗『論語』新釈漢文大系（明治書院）
平岡武夫『論語』全釈漢文大系（集英社）
宇野哲人『論語』中国古典新書（明徳出版社）
宇野哲人『論語』学術文庫（講談社）
貝塚茂樹『論語』中公文庫（中央公論社）
金谷　治『論語』岩波文庫（岩波書店）
木村英一『論語』講談社文庫（講談社）

学問の意義

孔子は弟子の教育に熱心であった。学ぶことの意義を教え、その教えが世の中を生きていくための知恵として活用されることを願ったのである。
学問をすることの意義、教育の意義とは何か。その問いに対する答えは、この章に取り上げた孔子の言葉の中に示されている。五百近くの孔子の言葉が記録される『論語』の冒頭に置かれる次の言葉には、孔子の学問に対する思いを読み取ることができるのではなかろうか。

子曰く、「学びて時に之を習う、亦た説ばしからずや。朋有り遠方より来たる、亦た楽しからずや。人知らずして慍《うら》みず、亦た君子ならずや」と。

古人の教えを学び、機会あるごとに（その内容を）復習する、なんと悦ばしいことではないか、と孔子は言っている。「学ぶ」とは、これまで知らなかったことを知ること、新たな知識を得ることをいう。そうして得た知識を折あるごとに復習するのが「習う」の意味である。そのように繰り返し復習して新たな知見を身に付けることは、なんと悦ばしいことではないか、と孔子は言うのである。

ところで、二〇二三年三月十五日の朝日新聞「天声人語」欄に、ノーベル文学賞を受賞した大江健三郎氏に関わる次のような記事があった。

「知る」と「分かる」はどう違うのか。作家の大江健三郎さんは「知る」から「分かる」に進むと、自分で知識を使いこなせるようになると定義した。その先には「悟る」があって、まったく新しい発想が生まれる、と。

孔子が「学び」「習う」ことを通して心に込み上げてくる嬉しさを得ることができると言ったことを、大江健三郎氏は、「知る」ことから「分かる」段階に進み、そうして「悟る」ことができる、と言っているように思われる。

同じく、三月二十二日の「天声人語」欄には、

「驚きが有益であるのは、それまで知らなかったことをわたしたちに学ばせ『記憶』にとどめさせることだ」。哲学者デカルトは『情念論』に記した。

とあった。未知のことを学び、それを記憶に留めさせるとは、まさに孔子の言う「学びて時に之を習う」ではないか。

この章では、学問に関わる九つの孔子の言葉を取り上げた。その内容をよく吟味して、学問の意義を見出してもらいたい。

1　学びて時に之を習う、亦《ま》た説《よろこ》ばしからずや（学而篇）

＊『論語』学而篇の冒頭に置かれた言葉で、「朋有り遠方より来たる、亦た楽しからずや」は、二〇〇八年の北京オリンピック開幕式でも取り上げられた。

子曰《ク》、
学《ビテ》而時《ニ》習《フ》レ之《ヲ》、不二亦《タ》説《バシカラ》一乎。
有《リ》レ朋自《リ》二遠方一来《タル》、不二亦《タ》楽《シカラ》一乎。
人不《シテ》レ知《ラ》而不レ慍《ミ》、不二亦《タ》君子《ナラ》一乎《ト》。

子曰《しいは》く、

「学《まな》びて時《とき》に之《これ》を習《なら》ふ、亦《ま》た説《よろこ》ばしからずや。

朋《とも》有《あ》り遠方《ゑんぱう》より来《き》たる、亦《ま》た楽《たの》しからずや。

人《ひと》知《し》らずして慍《うら》みず、亦《ま》た君子《くんし》ならずや」と。

先生が言われた、

「（古人の教えを）学んで、機会あるごとに（その内容を）復習する、なんと悦ばしいことではないか。

（師を同じくする）友が遠方からやって来る、なんと楽しいことではないか。

世の人が（自分のことを）知ってくれなくても腹を立てたりはしない、なんと立派な人ではないか」と。

【学】倣う。まねをすること。その内容は、古の聖賢の言行。

【時】しかるべき時に。折あるごとに。

【習】学んだ内容を反復練習すること。中国最古の字書である『説文解字《せつもんかいじ》』には、「鳥の数《しば》ば飛ぶなり」と、鳥が繰り返し飛んで飛翔の技術を体得することと説明している。

【不亦～乎】なんと～ではないか。

【説】「悦」に同じ。こみあげてくる嬉しさ。

【朋】師をともにする友人。志を同じくする友人を「友」という。

【自】より。英語の from に同じ。～から。

【楽】外にあらわれる嬉しさが「楽」で、心の中にあるのが「悦」。

【人不知】当時の為政者が、自分の才能を認めないで、取りたててくれないこと。

【不慍】うらみがましく思わない。

【君子】学徳のすぐれた人。反対は「小人《しょうじん》」（徳の無い人）。

●「人知らずして慍みず」孔子は、学問をする目的は自らが人間として向上することと考えていた。したがって、世の中の人に認められようが認められまいが、それは自分にとっては関係の無いことであった。

ところで、この句については別の解釈もある。すなわち南宋の朱子は「慍」を「怒りを含むの意」として、理解の遅い学生がいたとしても、それを「恕」ゆるして怒ったりしない、という解釈である。

「人不知而不愠。」孔子认为，做学问的目的是自我完善人性，被世人认可或不认可，与做学问者本人没有什么关系。

这句名言也有另外一种解释，即朱子理解「愠」包含「怒」的意思。也就是说，孔子的话里含有对那些理解速度慢的学生要「恕」，即宽容而不要发怒。

2　学びて思わざれば、則ち罔《くら》し（為政篇）

＊やみくもに本を読みあさるだけではだめで、また、ただただ思索にふけるというのもよくない。読書と思索との両方が備わっていることが大切なのである。

子曰《ク》、
学《ビテ》而不《レバ》レ思《ハ》、則《チ》罔《シ》。
思《ヒテ》而不《レバ》レ学《バ》、則《チ》殆《シト》。

子曰《しいは》く、

「学《まな》びて思《おも》はざれば、則《すなは》ち罔《くら》し。

思《おも》ひて学《まな》ばざれば、則《すなは》ち殆《あやふ》し」と。

先生が言われた、

「古人の教えを学んでも（その内容を）思索しなければ、（道理がよくわからずに）混乱してしまう。

思索するばかりで学ばなければ、（独断に陥ってしまい）危険なことになる」と。

【学】まねをすること。古の聖賢の言行を読んだり聞いたりすること。

【思】思索すること。学んだ内容について、何故そうなのかをじっくりと考えること。

【罔】ぼんやりとして訳がわからなくなり、混乱してしまうこと。
【殆】危険で安定しないこと。

●「学びて思わず」すなわち、書物に書いてあることをそのまま鵜呑みにしているだけで、自分で考えようとしなければ、物事の道理がわからずに、どうしていいのか混乱してしまう。これはただ単に学習をする時のことだけに限らない。上司の命を受けて仕事をする。なぜ上司はこうした命令を下したのか？ 命令の通りに仕事をしたらどうなるのか？ こうした思索が必要なのである。逆に「思いて学ばざる」すなわち、先人の意見を無視して自分勝手に物事を処理しようとすると、判断の基準があやふやなために危険な状態に陥ってしまう。

「学而不思」意思是读书时只是囫囵吞枣而不思考，不理解其中的道理，具体行动起来就不知如何是好。孔子的教诲不仅限于读书学习，还适用于日常工作，如接到上司命令，有必要思考上级为何下这样的命令呢？遵照命令行事，因为把握不住是非标准，势必会跌入危险的泥淖。

3　憤《ふん》せずんば啓《けい》せず、悱《ひ》せずんば発《はっ》せず（述而篇）

＊教育のあり方についての孔子の言葉である。教育には情熱が必要だと孔子は言う。

子曰ク、
不ンバレ憤セ不レ啓セ、不ンバレ悱セ不レ発セ。挙ゲテ二一隅ヲ一不レバ下
以テ二三隅ヲ一反ラ上、則チ不レ復セ也ト。

子《し》曰《いは》く、
「憤《ふん》せずんば啓《けい》せず、悱《ひ》せずんば発《はっ》せず。

一隅《いちぐう》を挙《あ》げて三隅《さんぐう》を以《もっ》て反《かへ》らざれば、則《すなは》ち復《ふたたび》せざるなり」と。

先生は言われた、

「（教えを受けようとする者で）自らの（学問に対する）情熱が盛り上がるようでなければ、これをひらき教えることはしないし、（言いたくても）口をもぐもぐさせているようでなければ、これをひらき導くことはしない。（四角なものを教える際に、その）一隅を持ち上げて見せれば、（他の）三つの隅を（自ら類推して）示すようでなければ、重ねて教えることはしないのだ」と。

【憤】気持ちが盛り上がる。
【啓】ひらき教える。
【悱】口ごもる。何かを言いたくても、適当な表現が見つからないでいること。
【発】ひらき導く。言葉の端をひらいて導くこと。

【一隅】四角なものの一隅。
【反】反応を示す。
【復】ふたたび教える。

●いわゆる「啓発」という語は、孔子のこの言葉が出典である。学問や教育には、みずからが志し、情熱を持ってことに当たらなければならない。それは教えを受ける側にも、教えを授ける側にも重要なのだと孔子は言う。

「启发」一词，正是出自孔子的这句话。在学问与教育中，意志与热情是不可或缺的。而且孔子认为，意志与热情无论对于教授一方，还是学习的一方，都是同等的重要。

4　温故知新（為政篇）

＊だれもが知っている有名な四字熟語である。これは『論語』に見える次のような孔子の言葉に基づく。

子曰《ク》、

温《メテ》レ故《キヲ》知《レバ》レ新《シキヲ》、

可《シト》二以《テ》為《ル》一レ師矣。

子曰《しいは》く、

「故《ふる》きを温《あたた》めて新《あたら》しきを知《し》れば、

以《もつ》て師《し》為《た》る可《べ》し」と。

先生が言われた、

「古人の教えをしっかりと研究し、（その中から）新しい道理を発見できるようになれば、人の師となることができる」と。

【温故】「温」は、「あたためて」と読む。冷めたものを温め直すように、重ねて研究をして習熟することをいう。また、「たずねて」と読んでもよい。「故」は、先人の教え。

【知新】（先人の教えの中から）現在・将来に活かすことのできるような新しい知見を得

ること。

●『礼記《らいき》』学記に「記問之学、不足以為人師」（記問の学は、以て人の師為《た》るに足らず）とある。ただ古人の教えを記憶するだけの学問では、人の師となることはできない、という意。「温故」だけでも「知新」だけでもだめで、その両方を実践しなくてはならないというのである。

《礼记·学记》写道：「记问之学，不足以为人师。」意思是说，只是具有背诵古人学说的学问，是不能成为人师的。只是单方面「温故」（彻底研究古典）或单方面「知新」（创新）都不行，必须把这两者结合起来统一实践才行。

＊四書五経＊

古の聖賢が述作した儒教の書を「経書」という。『詩経《しきょう》』『書経《しょきょう》』『易経《えききょう》』『春秋《しゅんじゅう》』『礼記《らいき》』の五書は「五経」と呼ばれ、唐の太宗の時には勅命によって注釈書である『五経正義』がまとめられ、儒教の教典として尊重された。

南宋の朱子は、従来の儒学を集大成し、新しい立場から経書に注釈を加え、特に『大学』『中庸』『論語』『孟子』の「四書」を経学の中心として尊重した。

5　三人行えば、必ず我が師有り（述而篇）

＊師となるべき人は、どこにでもいる。自分よりも優れたところを持っている人は、すべて「我が師」なのだ、という孔子の言葉である。

子曰《ク》、
三人行《ヘバ》、必《ズ》有《リ》二我《ガ》師一焉。
択《ビテ》二其《ノ》善《ナル》者《ヲ》一而従《ヒ》レ之《ニ》、
其《ノ》不善《ナル》者《ニシテ》而改《ムト》レ之《ヲ》。

子曰《しいは》く、
「三人《さんにん》行《おこな》へば、必《かなら》ず我《わ》が師《し》有《あ》り。
其《そ》の善《ぜん》なる者《もの》を択《えら》びて之《これ》に従《した》ひ、
其《そ》の不善《ふぜん》なる者《もの》にして之《これ》を改《あらた》む」と。

先生が言われた、
「三人で何かを行えば、そこには必ず我が師となる人がいるものだ。
その善なる所をえらんで学び、
その不善なる所については（我が身に反省して不善なる点を）改めるのである」と。

【三人】三人というのは最小限の数を示しただけで、自分を加えて三人以上であれば何人でもよい。
【行】行動する。また「行けば」と読んで、同行するの意と解釈することもできる。
【善者】善なる行動をする人。

●孔子には「常師」すなわち決まった先生というものがいなかった。『論語』子張篇に、衛の国の大夫《たいふ》（諸侯に仕えた官吏の身分）の公孫朝《こうそんちょう》が孔子の弟子の子貢《しこう》に「あなたの先生はどこでだれについて学ばれたのか」と聞いたところ、子貢は、「夫子《ふうし》焉《いずく》にか学ばざらん。而《しか》して亦《ま》た何の常師か之《こ》れ有らん」（先生はどこに行っても学ばれました。特定の決まった先生というものはありませんでした）と答えた、という話が見える。

《论语・子张篇》道：「卫国大夫（侍奉诸侯的官吏的名称）公孙朝问子贡道：〈您的老师在何地师从哪位先生学习过？〉子贡回答：〈夫子焉不学？而亦何常师之有？（老师所到之处皆从事学习，并没有特定的先生）。〉」也就是说，处处留心皆学问，孔子没有「常师」（特定的先生）。

6　盍《なん》ぞ各《おの》おの爾《なんじ》の志を言わざる（公冶長篇）

＊孔子は弟子の顔淵・季路に政治上の志を言わせた。孔子の言葉も含めて、三人の志を比較してもらいたい。

顔淵・季路侍ス。

子曰ク、

盍ゾルト三各〻言ハ二爾ノ志ヲ一。

子路曰ク、

願《ハクハ》車馬衣軽裘、与二朋友一共《ニシ》、敝《リテ》レ之《ヲ》

而無《カラント》レ憾《ミ》。

顔淵曰《ク》、

願《ハクハ》無《ク》レ伐《ルコト》レ善《ニ》、無《ケント》レ施《スコト》レ労《ヲ》。

子路曰《ク》、

願《ハクハ》聞《カント》二子之志《ヲ》一。

子曰《ク》、

老者《ハ》安《ンジ》レ之《ヲ》、朋友《ハ》信《ジ》レ之《ヲ》、少者《ハ》懐《クト》レ之《ニ》。

顔淵《がんえん》・季路《きろ》侍《じ》す。
子《し》曰《いは》く、
「盍《なん》ぞ各々《おのおの》爾《なんぢ》の志《こころざし》を言《い》はざる」と。
子路《しろ》曰《いは》く、
「願《ねが》はくは車馬《しやば》衣《い》軽裘《けいきう》、朋友《ほういう》と共《とも》にし、之《これ》を敝《やぶ》りて憾《うら》み無《な》からん」と。
顔淵《がんえん》曰《いは》く、
「願《ねが》はくは善《ぜん》に伐《ほこ》ること無《な》く、労《らう》を施《ほどこ》すこと無《な》けん」と。
子路《しろ》曰《いは》く、

「願《ねが》はくは子《し》の 志《こころざし》を聞かん」と。

子曰《しいは》く、

「老者《ろうしや》は之《これ》を安《やす》んじ、朋友《ほういう》は之《これ》を信《しん》じ、少者《せうしや》は之《これ》に懐《なつ》く」と。

顔淵《がんえん》と季路《きろ》が（先生のそばに）侍《はべ》っていた。

先生が言われた、

「どうしてそれぞれお前たちの志を言わないのか」と。

子路《しろ》が言った、

「願わくは車でも馬でも上着でも外套でも、友人と一緒に使って、それをぼろぼろにされても恨みに思わないようでありたい」と。

顔淵は言った、

「願わくは善《よ》いことをしても鼻にかけず、苦労ないやなことを人に押しつけるようなことがないようにしたい」と。

子路が言うには、

「願わくは先生の志をお聞かせください」と。

先生は、

「老人からは安心して頼られ、朋友からは信頼され、若者からは慕われるようになりたいものだ」と言われた。


【顔淵】姓は顔、名は回。字《あざな》は子淵《しえん》。孔子よりも三十歳年少。孔子の最愛の弟子であったが、孔子に先立ち四十一歳で亡くなった。顔回が死んだ時、孔子は「噫《ああ》、天予《われ》を喪《ほろ》ぼせり、天予を喪ぼせり」（先進篇）と嘆いたという。

【季路】姓は仲、名は由。字は子路《しろ》、あるいは季路《きろ》。孔子より九歳年少で、弟子の中では最年長であった。

【盍各言爾志】「盍」は「何不」の合音字。めいめいの思いを述べてみたまえ、という意。

【衣軽裘】「衣」は上着。「裘」は皮衣。ここの「軽」字は衍字と思われる。

●子路の言葉からは、友人とは心から信頼して付き合いたいという思いが、また、顔回の言葉からは、自己の修養につとめたいという思いが読み取れよう。孔子は、老人には敬いの心、朋友には信、若者には慈しみの心が大切であると言うが、三人に共通しているのは、いずれも「仁」に基づく思いである点であろう。

从子路的回答中可以看出他与朋友之间的交往是出自内心的相互信赖，而颜渊则努力于自身的修养。而孔子所说的对老人尊敬，对朋友信赖，对年轻人仁慈才是最重要的。他们三个人的共同点在于都是以「仁」为思想基础。

7　後生畏る可し（子罕篇）

＊孔子は、人間は不断の努力によってつねに向上すると考えていた。この言葉は年少の者たちへの激励ともとれよう。

子曰《ク》、

後生可《シ》レ畏《ル》。

焉《ンゾ》知《ラン》二来者之不《ルヲ》一レ如《カ》レ今《ニ》也。

四十五十《ニシテ》而無《クンバ》レ聞《ユルコト》焉、

斯レ亦タ不ル㆑足ラ㆑畏ルルニ也已ト。

子《し》曰《いは》く、
「後生《こうせい》　畏《おそ》る可《べ》し。
焉《いづく》んぞ来者《らいしゃ》の今《いま》に如《し》かざるを知《し》らんや。
四十五十《しじふごじふ》にして聞《きこ》ゆること無《な》くんば、
斯《こ》れ亦《ま》た畏《おそ》るるに足《た》らざるのみ」と。

先生が言われた、
「わたしより後に生まれた若者は畏敬すべき存在である。これからの将来有る若者が、どうして今のわたしに及ばないことがあろうか、いやそのようなことはない。（しかし）四十五十になっても名の知れないようであれば、それは畏れるに足らないのである」と。

【後生】後から生まれる者。後輩。
【焉~也】どうして~か、いや~ではない。反語の形。
【来者】後生の将来をいう。
【今】今の自分。孔子自身をいう。
【聞】名が知れる。評判になる。

●「後生」すなわち後から生まれてきた者の可能性は計り知れないものがある。その意味で将来のある若者に対して孔子は畏敬の念を抱くのである。しかし、努力をせずに怠ける者は、その限りではない。努力を惜しまないことが何よりも大切なのである。

「后生（青年男子）」前程无量。从这个意义上说，孔子对充满希望的年轻人表示敬畏。可是，懈怠不努力的年轻人，不属于此行列。言下之意是，不惜努力比什么都重要。

8　黙して之を識し、学びて厭わず（述而篇）

＊孔子の学問に対する思い、師としての教育に対する熱情を感じ取ることができる言葉である。

子曰《ク》、
黙《シテ》而識《シ》レ之《ヲ》、学《ビテ》而不レ厭《ハ》。誨《ヘテ》レ人《ヲ》不レ倦《マ》。
何《カ》有《ラン》二於我《ニ》一哉《ト》。

子《し》曰《いは》く、

「黙《もく》して之《これ》を識《しる》し、学《まな》びて厭《いと》はず。人《ひと》を誨《をし》へて倦《う》まず。何《なに》か我《われ》に有《あ》らんや」と。

先生が言われた、

「黙ったままで（学んだことを）心の中に記憶し、学んでは飽きることがない。こうして（自らが得たものを）人に教えて倦むことを知らない。（このこと以外に）何がわたしに有ろうか、（いや何もないのである）」と。


【黙】無言でいること。

【識】心の中に記憶して忘れないこと。

【厭】学問をすることを労と思わない。

【誨】「教」に同じ。教え諭すこと。

【何有於我哉】これ以外にわたしに何があろうか。わたしの取《と》り柄《え》はこれぐらいである。

●「黙して之を識し、学びて厭わず」とは、まさに学問をし思索をすることの重要性を言い、「人を誨えて倦まず」とは、教育者としてのあり方を説いている。
孔子は、これらのこと以外には、自分には何の取り柄も無い、という。『論語』子罕篇には、「子曰く、出でては則ち公卿《こうけい》に事《つか》へ、入りては則ち父兄に事へ、喪事は敢《あへ》て勉《つと》めずんばあらず。酒の困《くるし》みを為さず。何か我に有らんや」（朝廷に出ては上の身分の人に奉仕し、家に帰っては父兄によくつかえ、葬儀や喪服のことは懸命に行う。酒は飲みすぎることはない。これぐらいがわたしの取り柄であろうよ）とあり、「何有於我哉」（何か我に有らんや）という同じ表現が見えている。

「默而识之，学而不厌」，是孔子在说明思索学问的重要性，「诲人不倦」，则是阐述如何成为一个教育者。
除上述言论之外，孔子还认为自己身上并没有什么可取之处。《论语》子罕篇中提到孔子说过，「出则事公卿，入则事父兄，丧事不敢不勉，不为酒困，何有于我哉？」（在朝堂上为更高身份的人工作，回到家中服从父兄，葬礼和丧服努力办理。酒也不多喝。这样的我有什么可取之处呢？），这里我们可以看到与「何有于我哉」类似的表述。

9　朝《あした》に道を聞かば、夕《ゆうべ》に死すとも可なり（里仁篇）

＊孔子は、人としてこの世に生まれ生きて行く目的として、「道」を実践することの大切さを説く。「道」とは、人として当然踏み行くべき道、生き方を言う。

子曰《ク》、

朝《ニ》聞《カバ》レ道《ヲ》、夕《ニ》死《ストモ》可《ナリト》矣。

子《し》曰《いは》く、

「朝《あした》に道《みち》を聞《き》かば、夕《ゆふべ》に死《し》すとも可《か》なり」と。

先生が言われた、
「朝方に人としての道を聞くことができたならば、もしもその日の夕方に死んだとしても、かまわない」と。

【道】人としてのあるべき生き方をいう。
【可矣】まあ、いいであろう、の意。

●人としての「道」について、『論語』衛霊公篇の中には、孔子の次のような言葉も見える。

子曰、「人能ク弘ムレ道ヲ。非ザル二道弘ムルニ一レ人ヲ也ト」。

子曰く、「人能《よ》く道を弘《ひろ》む。道人を弘むるに非《あら》ざるなり」と。

すなわち、道というものは人がそれを広げて大きくすることができるのであって、道が人をどうこうすることはできないのだ、と孔子は言う。人と道との関係を述べたものであるが、人としての道（道徳）を実践することの大切さを説くのであろう。

关于为人之「道」，《论语・卫灵公》中有这样的句子：

子曰：「人能弘道，非道弘人也。」

意思是说，「道」可以由人来广大，但「道」不能把人怎样。人和「道」就是这么一种关系，言下之意是强调身体力行为人之「道」（道德）的重要性。

政治のあり方

孔子は、政治のあり方について、「政は正なり」と最も端的な言葉で言い表している。孔子が生きた春秋時代、魯の国の大夫《たいふ》（大臣）であった季康子が政治について孔子にたずねたところ、孔子は次のように言い切った。

孔子対《こた》えて曰く、「政は正なり。子帥《ひき》いて以て正さば、孰《だれ》か敢えて正しからざらんや」と。

すなわち、「政とは正しいということだ。上に立つあなたが率先して正義を実践すれば、（それに感化されて）皆が正義を行うようになるでしょう」と、言うのである。

孔子は『論語』（為政篇）で、

政《まつりごと》を為すに徳を以てするは、譬《たと》えば北辰《ほくしん》の其の所に居《お》り、衆星の之に拱《きょう》するが如し。

と言うように、上に立つ君主の身に付けた徳によって人民は感化されるというもので、いわゆる「徳治」であり、こうした政治のあり方を孔子は理想とした。

これは、この章でも取り上げた『論語』（為政篇）で、

之《これ》を道《みちび》くに政《まつりごと》を以てし、之を斉《ととの》うるに刑を以てすれば、民は免れて恥《はじ》無し。之を道くに徳を以てし、之を斉うるに礼を以てすれば、恥ずる有りて且つ格《いた》る。

と孔子が言うように、法律と刑罰によって政治を行う「法治」と対照的な政治手法である。

儒家の唱える「徳治主義」に対抗して、徹底的な「法治主義」を主張したのが韓非子である。韓非子は戦乱の時代においては儒家の唱える「仁義礼智」によっては国を治めることは出来ないとし、厳しい「法」を施行して国を治めるべきであるとした。そのために、まず職として決められた職務を遂行しなければ、法に照らし合わせて罰するというう「刑名一致」を主張し、賞するべきは必ず褒め、罰するべきは必ず罰するという「信賞必罰」によって臣下を統率し、君主に絶対の権力を持たせる君権絶対化を説いたので

ある。

時代の流れの中で、政治の手法も変化するのであるが、混迷する現代において本来の政治のあり方について、本章で取り上げた孔子の言葉によって考えてみたい。

10　政は正なり（顔淵篇）

＊政治の意義について、孔子は「政は正なり」と言い切った。つまり、政治とはまさしく正義の実践なのである。上に立つ者が率先して正義を実践すれば、人民もそれに従うようになると孔子は言うのである。

季康子問《フ》二政《ヲ》於孔子《ニ》一。

孔子対《ヘテ》曰《ク》、

政者正也。

子帥《ヰテ》以《テ》正《サバ》、孰《カ》敢《ヘテ》不《ランヤト》レ正《シカラ》。

季康子《きかうし》政《まつりごと》を孔子《こうし》に問《と》ふ。

孔子《こうし》対《こた》へて曰《いは》く、

「政《せい》は正《せい》なり。

子《し》帥《ひき》ゐて以《もつ》て正《ただ》さば、孰《たれ》か敢《あ》へて正《ただ》しからざらんや」と。


季康子《きこうし》が政治について孔子にたずねた。

先生がお答えして言われた、

「政とは正ということです。上に立つあなたが率先して正義を行えば、いったい誰が正義を行わないことがありましょうか」と。

【季康子】春秋時代、魯《ろ》の国の大夫《たいふ》（大臣）。
【対】お答えして。目上の人に答えるときに用いる。
【帥】率先して、の意。
【孰】「誰」に同じ。

●「政は正なり」と言い切ったところに孔子のすごさがある。上に立つ者が率先して正義を実践する、言うのは簡単であるが、今日の政治家の中で、胸を張って「政は正なり」と言い切れる人は果たしてどれほどであろうか。

孔子的智慧在于对「政者正也」的断言。统治者率先端正自己，这句话说起来简单，在当今的政治家中有几位是能够挺起胸膛自诩「政者正也」的人呢？

11

民信無くんば立たず（顔淵篇）

＊政治を行うに当たって、為政者にとって最も大切なものは何か。政治を執る者は、是非ともこの孔子の言葉を味わってもらいたい。

子貢問フレ政ヲ。

子曰ク、

足ラシレ食ヲ、足ラシレ兵ヲ、民ハ信ニストレ之ヲ矣。

子貢曰ク、

曰《ク》、必《ズ》不《シテ》レ得レ已《ムヲ》而去《ラバ》、於《テ》二斯《ノ》三者《ニ》一、何《ヲカ》先《ニセント》。

曰《ク》、去《ラント》レ兵《ヲ》。

子貢曰《ク》、必《ズ》不《シテ》レ得レ已《ムヲ》而去《ラバ》、於《テ》二斯《ノ》二者《ニ》一、何《ヲカ》先《ニセント》。

曰《ク》、去《ラン》レ食《ヲ》。自《リ》レ古皆有《リ》レ死。民無《クンバ》レ信、不《ト》レ立《タ》。

子貢《しこう》　政《まつりごと》を問《と》ふ。
子曰《しいは》く、
「食《しよく》を足《た》らし、兵《へい》を足《た》らし、民《たみ》は之《これ》を信《しん》にす」と。
子貢曰《しこういは》く、
「必《かなら》ず已《や》むを得《え》ずして去《さ》らば、斯《こ》の三者《さんしや》に於《おい》て、何《なに》をか先《さき》にせん」と。
曰《いは》く、
「兵《へい》を去《さ》らん」と。
子貢曰《しこういは》く、

「必《かなら》ず已《や》むを得《え》ずして去《さ》らば、斯《こ》の二者《にしゃ》に於《お》いて、何《なに》をか先《さき》にせん」と。

曰《いは》く、

「食《しょく》を去《さ》らん。古《いにしへ》より皆死《みなし》有《あ》り。民《たみ》信《しん》無《な》くんば、立《た》たず」と。

子貢が政治の要点をたずねた。

先生は言われた、

「食糧を十分にし、軍備を充足させ、人民に信義を重んじるようにさせることだ」と。

子貢が言った、

「どうしてもやむを得ずに棄てるとしたら、この三つのうちから、何を先に棄てますか」

と。

（先生は）言われた、

「軍備を棄てよう」と。

子貢が言った、

「どうしてもやむを得ずに棄てるとしたら、この二つのうちから、何を先に棄てますか」

と。

（先生は）言われた、

「食糧を棄てよう。昔から誰にも死は有る。（しかし）人民に信義が無ければ、政治は成り立たないのだ」と。

【子貢】端木賜《たんぼくし》、字《あざな》は子貢。孔子の弟子で、孔子より三十一歳年少。

【民信之矣】人民に信義の心を持たせること。また、人民に国の政治を信頼させる、という解釈もある。

【自古】昔から。「自」は「より」と訓読し、〜から、の意。

●「食を足らす」すなわち経済生活の安定と、「兵を足らす」すなわち国防の充実とは、国を治めていく上での要諦であることは間違いない。しかし、それよりももっと大切なものは信義の心である。人民に信義の心が無ければ、いくら経済生活を安定させ、国防の充実を謀っても、国家というものは成り立たないというのが孔子の考えである。

孔子认为「足食」即经济生活有保障，「足兵」即国防强大，这两项乃治国之要件。可是，比这两项更重要的是信义。如果对人民没有信义之心，即使经济生活有保障，国防能力增强，国家也将不复存在。

12　君は君たり、臣は臣たり（顔淵篇）

＊「君は君たり、臣は臣たり、父は父たり、子は子たり」わずか八文字に託された孔子の思いを読み取る必要がある。それぞれに与えられた名分を正すことが、政事の根本だと孔子は言う。

斉《ノ》景公問《フ》二政《ヲ》於孔子《ニ》一。

孔子対《ヘテ》曰《ク》、

君《ハ》君《タリ》、臣《ハ》臣《タリ》、父《ハ》父《タリ》、子《ハ》子《タリト》。

公曰《ク》、

善イ哉、信ニ如シ君不レ君タラ、臣不レ臣タラ、父不レ父タラ、
子不ンバレ子タラ、雖モレ有リトレ粟、吾得テ而食ハンヤトレ諸ヲ。

斉《せい》の景公《けいこう》 政《まつりごと》を孔子《こうし》に問《と》ふ。

孔子《こうし》 対《こた》へて曰《いは》く、

「君《きみ》は君《きみ》たり、臣《しん》は臣《しん》たり、父《ちち》は父《ちち》たり、子《こ》は子《こ》たり」と。

公《こう》曰《いは》く、

「善《よ》い哉《かな》、信《まこと》に如《も》し君君《きみきみ》たらず、臣臣《しんしん》たらず、父父《ちちちち》たらず、子子《ここ》たらずんば、粟《ぞく》有《あ》りと雖《いへど》も、吾《われ》得《え》て諸《これ》を食《くら》はんや」と。

斉の景公が政治について孔子にたずねた。

先生は答えて言われた、

「君主は君主らしく、臣下は臣下らしく、父は父らしく、子は子らしくすることだ」と。

景公が言った、

「善いお言葉であることよ。本当にもし君主が君主らしくなく、臣下が臣下らしくなく、父が父らしくなく、子が子らしくなかったなら、国に十分な穀物が有っても、わたしは安心して食べることができないではないか」と。


【斉景公】斉国の君主。前五四七～四九〇在位。名は杵臼《しょきゅう》。在位期間は長期にわたったが、政治の実権は大臣たちに握られ、みずからも贅を尽くし重税を課し、厳罰を行った。

【政】政事。政治のこと。

【対】目上の人に答える場合に用いる。お答えして。

【粟】五穀の総称。いわゆる「あわ」に限らない。
【諸】「之乎」の合音字。

●政治の要諦について孔子にたずねた景公は、孔子の「君は君たり、臣は臣たり、父は父たり、子は子たり」という言葉を聞いて、「本当にそうでなかったなら、国に十分な穀物が有っても、わたしは安心して食べることができないではないか」と答えた。なんという身勝手な君主であろうか。こういう人物を上に戴いている人民は不幸である。

齐景公询问孔子何为政治的要义，孔子回答：「君君、臣臣、父父、子子」。景公听后说道：「如果做不到的话，是不是即使国库粮食充裕，我也无法安心吃饭呢？」多么自私的皇帝啊，拥戴这样的人为王的百姓是十分不幸的。

13　鶏を割くに焉《いずく》んぞ牛刀を用いん（陽貨篇）

＊たいしたことでもないものを処理するのに大人物を用いるは必要ない、という意味の故事成語は、ここに基づく。

子之《キ》二武城《ニ》一、聞《ク》二絃歌之声《ヲ》一。
夫子莞爾《トシテ》而笑《ヒテ》曰《ク》、
　割《クニ》レ鶏《ヲ》焉《ンゾ》用《ヒント》二牛刀《ヲ》一。
子游対《ヘテ》曰《ク》、

昔者偃也、聞諸夫子。曰、

君子学道則愛人、

小人学道則易使也。

子曰、

二三子、偃之言是也。前言戯

之耳。

子《し》武《ぶ》城《じやう》に之《ゆ》き、絃《げん》歌《か》の声《こゑ》を聞《き》く。

夫《ふう》子《し》莞《くわん》爾《じ》として笑《わら》ひて曰《いは》く、

「鶏《にはとり》を割《さ》くに焉《いづく》んぞ牛刀《ぎうたう》を用《もち》ひん」と。

子游《しいう》対《こた》へて曰《いは》く、

「昔者《むかし》偃《えん》や、諸《これ》を夫子《ふうし》に聞《き》く。曰《いは》く、

『君子《くんし》道《みち》を学《まな》べば則《すなは》ち人《ひと》を愛《あい》し、

小人《せうじん》道《みち》を学《まな》べば則《すなは》ち使《つか》ひ易《やす》し』」と。

子《し》曰《いは》く、

「二三子《にさんし》、偃《えん》の言《げん》は是《ぜ》なり。前言《ぜんげん》は之《これ》に戯《たはむ》れしのみ」と。

先生が武城に行かれた時のことである、絃歌の音と歌声が（あちらこちらで）聞こえてきた。

先生はにっこりと微笑《ほほえ》んで言われた、

「鶏を割くのに、どうして牛切り包丁を使うのであろうか」と。

子游が答えて言った、

「以前、私はこういうことを先生からお聞きしました、『君子が道を学べば、民を愛するようになり、小人が道を学べば、素直に仕事をするようになる』」と。

先生は言われた、

「お前たち、偃の言うことは正しいよ。さっき（私が）言ったのは冗談にすぎないよ」と。


【武城】魯の国の町の名。その時、子游はその地の宰（長官）であった。

【莞爾】にっこり笑う。

【子游】姓は言、名は偃《えん》。子游は字《あざな》。孔子よりも四十五歳年少。

【昔者】二字で「むかし」と読む。

【聞諸夫子】ここの「諸」は、「之於」の二字が一字に縮まったもの。「聞之於夫子」（之《これ》を夫子に聞く）に同じ。

【君子】ここでは上にいて政治をする人を指す。

【小人】ここでは下にいて治められる人を指す。

【二三子】孔子に従っていた門人たち。

●子游はいわば真面目すぎる人物であったらしい。武城のような小さな町を治めるのに大国を治めるようなやり方をしている子游、そもそもその方法は孔子が教えたものであった。その教えを忠実に実行している子游に対しての孔子の思いを、「鶏を割くに焉んぞ牛刀を用いん」という言葉のなかに見ることができる。「もう少し融通を利かせてもよかろうに」「それにしても真面目な弟子であることよ」という孔子の思いが、そこにはある。

从某种意义上说，子游办事过于认真。他使用治理国家的方法来治理武城这样的小地方，看似小题大做，实际上这方法正是孔子传授的。子游严格遵循了孔子的教导，但从「杀鸡焉用牛刀」一句中可以看出孔子希望其能更加灵活地掌握所学知识，并对其认真的态度给予了肯定。

14 必ずや訟《うつたえ》無からしめんか（顔淵篇）

＊時代の変化とともに新しい司法制度は次々と導入される。訴訟を裁くことよりも、訴訟の無い世の中を、という孔子の言葉の重みを感じずにはおれない。

子曰《ク》、
聴《クハ》レ訟《ヲ》吾猶《ホ》キレ人《ノ》也。
必《ズ》也使《メン》レ無《カラ》レ訟乎《ト》。

子曰《しいは》く、

「訟《うつたへ》を聴《き》くは、吾《われ》猶《な》ほ人《ひと》のごときなり。

必《かなら》ずや訟《うつたへ》無《な》からしめんか」と。

先生が言われた、

「訴訟を調停することは、わたしは人並みにはできるであろう。（しかし、わたしの願いは）この世の中に訴訟などが無いようにさせたいものだ」と。

【聴訟】両者の訴えを聴いて断定を下すこと。

【必也】どうにかして〜したいものだ、の意。

●孔子は、自分自身は訴訟を人並み程度には裁くことができると言った。司馬遷の『史記』孔子世家によれば、孔子は魯の定公九年（前五〇一）、魯の大司寇（司法長官）になっている。実際に司法に身を置く立場となり、そうした経験からの言葉ではなかろうか。孔子は、弟子の中で、訴訟の判決でもって人を納得させる者は、子路（仲由の字）だけであろうと賞賛している。『論語』顔淵篇には、「片言以て獄を折《さだ》む可き者は、其れ由か」（ただ一言で訴訟を裁断できる者は、わたしの弟子の中で仲由だけであろう）という孔子のことばが見える。

孔子认为自己审理案件和普通人水平是一样的。据司马迁《史记·孔子世家》记载，孔子曾于鲁定公九年（公元前五〇一年）担任鲁国大司寇（最高司法长官）一职。正因为有切身经历，才能从中得出这样的体会吧。孔子认为，其众弟子中只有子路在审理诉讼方面能令人信服，《论语·颜渊篇》中「片言折狱者，其由也欤（仅靠一句话裁判诉讼者，我的弟子中惟有仲由吧）」这句话就是在赞扬子路这方面的才能。

15 過ちて改めざる、是れを過ちと謂う（衛霊公篇）

＊人は誰しも過ちを犯すものである。しかし、犯してしまった過ちを、過ちと認め改め、二度と繰り返さないことが大切であると孔子は言う。

子曰ク、
過チテ而不ルレ改メ、是レヲ謂フトレ過チト矣。

子曰《しいは》く、
「過《あやま》ちて改《あらた》めざる、是《こ》れを過《あやま》ちと謂《い》ふ」と。

先生が言われた、
「過ちを犯してもそれを改めようとしない、これを本当の過ちというのだ」と。

【過】過失。思いが足らないために気づかずに悪いことをすること。

● 孔子の教えを継承する孟子《もうし》の言葉（『孟子』公孫丑下）に、「古《いにしへ》の君子は、過ちては則《すなは》ち之《これ》を改む。今の君子は、過ちては則ち之に順《したが》ふ」（昔の君子は、過ちであると気づくとすぐにそれを改めた。今の君子は、過ちとわかってもそれを押し通そうとする）と見える。

《孟子·公孙丑下》写道：「且古之君子，过则改之；今之君子，过则顺之。」
意思是说，古昔的君子，一旦发现过失马上就改正；今天的君子，即使知道了自己的过失，却依然一意孤行。

＊孟子《もうし》―性善説《せいぜんせつ》―＊

孟子は、名は軻《か》、字《あざな》は子輿《しよ》といい、孔子の生国に近い魯《ろ》国の鄒《すう》に、孔子の死後百年あまりして生まれた。孔子の孫である子思《しし》の門人に学び、孔子を理想の人と仰ぎ、その思想を世に広めようと諸国を遊説《ゆうぜい》して回った。しかし、ついに受け入れられることなく、郷里に帰り弟子の教育や著述に励んだ。

孟子は、孔子の「仁」を発展させ、人間には生まれながらにして「仁・義・礼・智」にいたる糸口が宿っており（「四端」の説）、これを拡充してゆけば理想的人間に到るとし、本来、人間の本性は善であるという「性善説」を唱えた。

16　過《あやま》ちては則ち改むるに憚《はばか》ること勿《な》かれ（学而篇）

＊人の上に立つ者のあり方を説いている孔子の言葉である。もとより孔子の生きた時代の君主へのものであるが、現代社会のリーダー達への教訓でもある。

子曰《ク》、
君子不《レバ》レ重《カラ》則《チ》不レ威《アラ》。
学《ベバ》則《チ》不レ固《ナラ》。
主《トシ》二忠信《ヲ》一、無《カレ》レ友《トスルコト》二不《ル》レ如《カ》レ己《ニ》者《ヲ》一。

過《チテハ》則《チ》勿《カレ》レ憚《ルコト》レ改《ムルニ》。

子《し》曰《いは》く、

「君子《くんし》　重《おも》からざれば則《すなは》ち威《ゐ》あらず。

学《まな》べば則《すなは》ち固《こ》ならず。

忠信《ちゅうしん》を主《しゅ》とし、己《おのれ》に如《し》かざる者《もの》を友《とも》とすること無《な》かれ。

過《あやま》ちては則《すなは》ち改《あらた》むるに憚《はばか》ること勿《な》かれ」と。

先生が言われた、

「人の上に立って政治を行う者は、重々しく落ち着いていなければ威厳が無くなってしまう。学問をすれば頑固ではなくなる。忠実と信義とを第一として、自分よりも劣った者を友とするな。過失を犯したら、改めるのをためらってはならない」と。

【君子】ここでは在位の君主を指す。
【不威】威厳が無くて人を服従させることができないことをいう。
【固】頑固、固陋。
【過】過失。
【憚】恐れてどうすればいいかためらうこと。

●上に立つ者は、とかくつまらない人物でも自分の思い通りになる者を近づける傾向がある。「己に如かざる者を友とすること無かれ」という孔子の言葉は、それを誡めたものである。また、人は時に過失を犯すものである。上に立つものは、それを自分の権限で隠そうとする。それを孔子は「過ちては則ち改むるに憚ること勿かれ」と忠告する。前節の「過ちて改めざる、是れを過ちと謂ふ」とともに印象的な言葉である。

位高权重者有一种倾向，即使是特别没有品味的人物，只要顺着自己就接近他。「且勿以比自己水平低的人为朋友。」孔子的这一教导是在规劝位高权重者改正自己的不良倾向。

人常犯错误，而位高权重者却利用自己的权力要隐瞒自己的过失。对此，孔子忠告道：「过则勿惮改（有了过失就要有勇气去改正）。」这自然让人想起前一节孔子说的「过而不改，是谓过矣（有了过失而不改，那才叫过失呢）」这句话。

17　人、遠慮無ければ、必ず近憂有り（衛霊公篇）

＊人間というものは、現在の状況、それが安泰であればなおさら、それに馴れてしまうものである。

子曰《ク》、

人無《ケレバ》二遠慮一、必《ズ》有《リト》二近憂一。

子《し》曰《いは》く、

「人《ひと》遠慮《ゑんりよ》無《な》ければ、必《かなら》ず近憂《きんいう》有《あ》り」と。

先生が言われた、
「人は、遠い将来のことに対して熟慮して備えておかなければ、必ず足もとからの憂患《ゆうかん》が起こるものだ」と。

【遠慮】将来に対する配慮。
【近憂】近い将来に起こるであろう困った事態。

●「遠慮」という言葉は、行く先を遠く見通す思慮の意味であるが、その言葉の中には、それに対する備えをしておくことも含まれている。将来のことをよくよく考えるだけでは不十分で、それに対する予防策をも考えておかねばならないのである。

「远虑」的语义是预先洞察和思考发展动向，其中含有制定措施防患于未然的意思。也就是说，仅仅认真考虑未来事态是不够的，还必须制定应对方略。

18 之を道《みちび》くに徳を以てす（為政篇）

＊政治を執る者にとって、人民をいかに導いてゆくのかは、最も頭を悩ませる問題であろう。孔子はそれに対して明確な答えを出している。

子曰《ク》、
道《クニ》レ之《ヲ》以《テシ》レ政《ヲ》、斉《フルニ》レ之《ヲ》以《テスレバ》レ刑《ヲ》、民《ハ》免《レテ》而無《シ》レ恥。
道《クニ》レ之《ヲ》以《テシ》レ徳《ヲ》、斉《フルニ》レ之《ヲ》以《テスレバ》レ礼《ヲ》、有《リテ》レ恥《ヅル》且《ツ》格《ルト》。

子曰《しいは》く、

「之《これ》を道《みちび》くに政《まつりごと》を以《もつ》てし、之《これ》を斉《ととの》ふるに刑《けい》を以《もつ》てすれば、民《たみ》は免《まぬか》れて恥《はぢ》無《な》し。

之《これ》を道《みちび》くに徳《とく》を以《もつ》てし、之《これ》を斉《ととの》ふるに礼《れい》を以《もつ》てすれば、恥《は》づる有《あ》りて且《か》つ格《いた》る」と。

先生が言われた、

「人々を法律や規則で導き、刑罰によって統制してゆけば、人民は法の網をくぐり抜けて恥ずかしいとも思わない。

人々を道徳で導き、礼儀によって統制してゆけば、(人民は、道徳的な)恥を感じて善に至るであろう」と。

【道】「導」に同じ。政治によって人民を導いてゆくことをいう。

【政】法律や規則。

【斉】統制する。斉一にする。

【免】法の規制にかからないように、抜け道を考えること。

【恥】みずからの行為を恥じる心を持つこと。

【道之以徳】「徳」とは道徳のこと。為政者が法律を厳しくすることよりも、まずは自らが道徳的人格者となって行動することが大切であるということ。

【格】「至」に同じ。

●孔子は「法」によって人民を治めていく「法治」ではなく、「道徳」によって人民を導き、「礼」によって全体を統制するという「徳治」を称揚した。そのためには、先ずは上に立つ者が率先して道徳的人格者となって行動すべきだと言うのである。

孔子并不赞成「法治」，即依「法」治理百姓，他提倡通过「道德」上的引导、用「礼」来约束社会全体以实现「德治」。为此，统治者要身先士卒，做一位有道德的人。

人としての生き方

孔子は、人として生きて行くための道、すなわち人としての正しいあり方を『論語』の中に言葉として残している。七十四歳で亡くなった孔子は、人生五十年と言われていた当時にあっては、かなりの長生きであった。その孔子は自分の人生を振り返って語った言葉が有名な次のものである。

子曰く、「吾十有五にして学に志す。三十にして立つ。四十にして惑わず。五十にして天命を知る。六十にして耳順《したが》う。七十にして心の欲する所に従えども、矩《のり》を踰《こ》えず」と。

十五歳で学問に志した、というのは決して早くはなく、むしろかなり遅い印象がある。かの偉大な孔子であれば、天賦の才によって幼い頃から聡明であり、もっと若い頃、幼少期から学問に志したという感じがある。しかし、孔子自身が次のように言っている（『論語』述而篇）。

子曰く、「我は生まれながらにして之《これ》を知る者に非ず。古《いにしえ》を好み、敏《びん》にして以て之を求めたる者なり」と。

すなわち、私は決して（学ばずして）生まれながらにして道理を知っていた者（いわゆる天才や聖人）ではない。（ただ、ひたすら）古の聖人を好み、一生懸命に努力して世の道理を求めた者にすぎないのだ、と言う。

要するに、学問というのは天賦の才に恵まれていようがいまいが、真理を追い求めようとする強い熱意と努力とによって大成するものである、と孔子は我々に教えているのである。見方を変えれば、世間の者は孔子のことを生来の天才、聖人であると見做しているが、学問というのは、不断の努力によってこそ完成し、なんびとであっても努力をすれば聖人の域に達することができることを言うのであろう。

十五歳の時に学問に志した、というのも、学問を始めるのに早いも遅いもない。学問は、いつからでも始められ、努力を継続することによって大成するのだ、と我々を励ましているようにも感じられる。

孔子の人となりを示す言葉が『論語』（述而篇）の中に見えている。或る時、当時の楚の一地方であった葉《しょう》の長官が、孔子の弟子の子路に孔子の人となりを尋ねた。それに対して、子路は何と言えばいいか分からず、答えることをしなかった。これを聞いた孔子は、次のように言ったのである。

子曰く、「女奚《なんじなん》ぞ曰《い》わざる。其の人《ひと》と為《な》りや、憤りを発して食を忘れ、楽しみて以て憂いを忘れ、老いの将《まさ》に至らんとするを知らずと云爾《しかいう》」と。

すなわち、（子路よ）お前はどうしてこう言わなかったのか。孔子という人は（生来の学問好きで、分からないところがあれば）発憤して学問に夢中になって食事も忘れ、（真意を会得すれば）悦び楽しんで心配事も忘れてしまう。（このように学問修養に打ち込んでおり）寄る年波にも気付いていない。ただこのようです、と。

このように、孔子という人は決して驕ることなく、その謙遜した言葉の中には、孔子の学問探究に対する熱意を窺い知ることができる。混迷した今日を生きるための人としての道を、本章に見える孔子の言葉から見出せればと思う。

19 吾十有五にして学に志す（為政篇）

＊孔子は七十四歳で亡くなった。ここに取り上げるのは、孔子が自分の生涯を振り返って語った言葉で、孔子の自叙伝ともいえる。

子曰《ク》、
吾十有五《ニシテ》而志《ス》二于学《ニ》一。
三十《ニシテ》而立《ツ》。
四十《ニシテ》而不レ惑《ハ》。

五十而《ニシテ》知《ル》二天命《ヲ》一。
六十而《ニシテ》耳順《フ》。
七十而《ニシテ》従《ヘドモ》二心《ノ》所《ニ》レ欲《スル》、不《ト》レ踰《エ》レ矩《ヲ》。

子《し》曰《いは》く、
「吾《われ》十有五《じふいうご》にして学《がく》に志《こころざ》す。
三十《さんじふ》にして立《た》つ。
四十《しじふ》にして惑《まど》はず。
五十《ごじふ》にして天命《てんめい》を知《し》る。

六十《ろくじふ》にして耳《みみ》順《したが》ふ。
七十《しちじふ》にして心《こころ》の欲《ほつ》する所《ところ》に従《したが》へども、矩《のり》を踰《こ》えず」と。

先生が言われた、
「私は十五歳のときに、学問に志した。
三十歳になって、学問の基礎が確立した。
四十歳になって、心に惑うことが無くなった。
五十歳になって、天が自分に与えた使命を自覚することができた。
六十歳になって、人の言葉が素直に聞けるようになった。
七十歳になって、思うままに行動しても、道にはずれることがなくなった」と。

【十有五】ここの「有」は「又」と同じ。十五歳のこと。

【立】学問の基礎が確立すること。

【不惑】物の道理が分かって、惑うことが無くなったことをいう。

【天命】天が自分に与えた使命をいう。

【耳順】どんなことでも素直に聞くことができる、そういう心の余裕ができたことをいう。

【従心所欲、不踰矩】欲望のままに行動しても、人としての道にはずれることはなくなったということ。

●孔子は、なぜこのようなことを弟子たちに言ったのか。それは、みずからの成長の過程を分かりやすく述べることによって、弟子たちへの努力目標とさせたのであろう。自分はこのようであった、お前たちもこのようであれという孔子の言葉のように思える。

孔子为什么对弟子们说这些话呢?那是因为他想要通过对自己成长过程的浅显表述，给弟子们树立一个努力的目标吧。从孔子的话可知他希望弟子们能像自己一样成长。

＊この孔子の言葉から、年齢を表す次のような語ができた。

・志学《しがく》（十五歳）
・而立《じりつ》（三十歳）
・不惑《ふわく》（四十歳）
・知命《ちめい》（五十歳）
・耳順《じじゅん》（六十歳）
・従心《じゅうしん》（七十歳）

20　飽食すること終日、心を用うる所無きは、難きかな
（陽貨篇）

＊人は腹が減り寒さに凍えていたら、衣食のことだけを考えるであろう。ところが何不自由無く一日中満腹であったら、どうであろうか。

子曰《ク》、
飽食《スルコト》終日、無《キハ》レ所レ用《フル》レ心《ヲ》、難《キ》矣哉。
不レ有《ラ》二博奕《ナル》者一乎。
為《スハ》レ之《ヲ》猶《ホ》賢《レリト》二乎已《ムニ》一。

子曰《しいは》く、

「飽食《ほうしょく》すること終日《しゅうじつ》、心《こころ》を用《もち》ふる所《ところ》無《な》きは、難《かた》きかな。

博奕《ばくえき》なる者有《ものあ》らずや。

之《これ》を為《な》すは猶《な》ほ已《や》むに賢《まさ》れり」と。

先生が言われた、

「腹いっぱい食べて一日中、何も考えないでぼんやりとしているのは、よくないことだなあ。（世間には）双六《すごろく》や囲碁というものが有るではないか。そんなものでもするほうが、何もしないよりはまだましだ」と。

【難矣哉】困ったことだなあ、の意。
【博奕】「博」は双六。「奕」は囲碁。いわゆる博打（ばくち）ではない。

●何もしないよりは、博（双六）奕（囲碁）でもするほうがまだましである、という孔子の言葉の真意を誤ってはならない。孔子は決して博奕を奨励しているのではなく、たらふく食べて何もしないでいることを誡めているのである。『大学』に「小人閑居して不善を為し、至らざる所無し」（つまらぬ人間は一人で暇にしていると不善を行って、どんなことでもする）とあり、『孟子』（滕文公上）には「飽食暖衣、逸居して教へ無ければ、則ち禽獣に近し」（衣食足りて安逸な生活をし教育をしなければ、禽獣と違わない）とあるのは、孔子の教えを受けたものであろう。

我们不能把孔子的这段话误解为，下棋比什么都不做要强得多。孔子在此并非鼓励下棋，而是劝诫那些终日吃饱饭却无所事事的人。《大学》中曾写道：「小人闲居为不善，无所不至」（小人空暇时做不好的事情，且无所不为）；而《孟子·滕文公上》中有「饱食暖衣，逸居而无教，则近于禽兽」（衣食无忧过着安逸的生活，如果不接受教育的话和动物没有什么区别）之说，大概受了孔子这段话的影响吧。

21 弟子入りては則ち孝、出でては則ち弟（学而篇）

＊孔子は、先ずは人としての基本である徳を身につけることを第一と考えた。徳を身につけ、それを実践することができた上で、なお余力があれば本を読めというのである。

子曰《ク》、

弟子入《リテハ》則《チ》孝、出《デテハ》則《チ》弟。

謹《ミテ》而信。汎《ク》愛《シテ》レ衆《ヲ》而親《シメ》レ仁《ニ》。

行《ヒテ》有《ラバ》二餘力一、則《チ》以《テ》学《ベト》レ文《ヲ》。

子曰《しいは》く、

「弟子《ていし》　入《い》りては則《すなは》ち孝《かう》、出《い》でては則《すなは》ち弟《てい》。謹《つつし》みて信《しん》。汎《ひろ》く衆《しゅう》を愛《あい》して、仁《じん》に親《した》しめ。行《おこな》ひて餘力有《よりよくあ》らば、則《すなは》ち以《もつ》て文《ぶん》を学《まな》べ」と。

先生が言われた、

「若者たちよ。家の中では孝行を尽くし、外に出ては目上の人を敬《うやま》いなさい。（そうして）何事にも慎んで真心を尽くすように。広く人々を愛して、人格者に親しむようにしなさい。

このように実行してもなお余裕があれば、本を読みなさい」と。

【弟子】若者たち。「先生」に対して「弟子」という。

【孝】親に対する孝行心。

【弟】目上の人に対する敬いの心。目上の人に対しては、おとなしく振る舞えということ。

【謹而信】身を慎んで行動し、嘘をつかない。

●人としての道を実践することを、孔子は何よりも大切なことであると説いた。徳が身についていないのに学問だけをするというのでは、人間の本質を見失ってしまうことになりかねない。

孔子的学说中最重要的是实践为人之道。仅有学问无德性，就会丧失人性之本。

22

君子は和して同ぜず（子路篇）

＊今の世の中、人との付き合いはなかなか大変である。他人とどのように付き合えばいいのか。孔子は君子と小人とを対比させて述べている。

子曰《ク》、

君子《ハ》和《シテ》而不《レ》同《ゼ》。

小人《ハ》同《ジテ》而不《ト》《レ》和《セ》。

子曰《しいは》く、
「君子《くんし》は和《わ》して同《どう》ぜず。
小人《せうじん》は同《どう》じて和《わ》せず」と。

先生が言われた、
「君子は心から人と打ち解け合うが、相手に調子を合わせるようなことはしない。小人は何も考えずに相手に調子を合わせるが、心から相手に打ち解け合うことはない」と。

【君子】徳の有る人。人格的にすぐれた人をいう。
【和】心から打ち解け合うこと。

【同】うわべだけ調子を合わせること。「付和雷同」に同じ。
【小人】徳の無いつまらない人。「君子」の対義語。

●利害関係によるうわべだけの付き合いなのか、しっかりとした考え方を持って人と心から打ち解け合う付き合いをするのか、孔子はそれを「小人」と「君子」との対比によって示したのである。

唐宋八大家のひとりで、北宋の政治家・文学者として有名な欧陽脩《おうようしゅう》（一〇〇七〜一〇七二）に「朋党論」という文章がある。その文章で欧陽脩は、小人は利で結びついているので真の党派を作ることはできない。彼らの党派は見せかけだけの偽りの党派である。しかし君子は道義を守り、忠信を行い、名節を惜しむ者であるから真の党派を作ることができる。したがって、君主は君子の真の党派を用いれば、天下はよく治まるのだ、と主張する。

孔子认为在人际关系上「小人」与「君子」的区别是，前者是出于利害关系而表面上应酬，后者是经过深思熟虑而心心相印的交往。

唐宋八大家之一的北宋政治家、著名文学家欧阳修（一〇〇七～一〇七二）在《朋党论》一文中写道：因为小人以利相联系，所以不能组成真正的党派。他们的党派是徒有其名的伪党派。与此相反，君子守信义，行忠信，珍惜名节，所以也就能组成真正的党派，因而，君主拥有君子的真正的党派，天下就能很好地得到治理。

23　逝く者は斯《かく》の如きか（子罕篇）

＊「川上《せんじょう》の嘆」として有名な孔子の言葉である。川の水が絶えることなく流れるように、空しく年老いていく我が身を嘆く思いを述べている。

子在リテ二川上一曰ク、

逝ク者ハ如キレ斯ノ夫。

不トレ舎カ二昼夜ヲ一。

子《し》川上《せんじやう》に在《あ》りて曰《いは》く、

「逝《ゆ》く者《もの》は斯《かく》の如《ごと》き夫《か》。

昼夜《ちうや》を舎《お》かず」と。

先生が（ある時）川のほとりで言われた、

「過ぎ去って行くものは、この川の流れのようであろうか。昼も夜も休むことはない」と。

【川上】川のほとり。「上」は、ほとり。

【逝】行き去って還らない、の意。

【舎】「止」に同じ。

●鴨長明の『方丈記』の冒頭「ゆく川の流れは絶えずして、しかももとの水にあらず。よどみに浮かぶうたかたは、かつ消えかつ結びて、久しくとどまりたるためしなし。世の中にある人と栖《すみか》と、またかくのごとし」は、『論語』のこの言葉に基づくと言われる。

鸭长明(一一五五～一二一六)《方丈记》的开头就是基于这一节改写的：「逝川流水不绝，可非面貌依旧。君不见河流滞涩处浮现的水泡，一会儿破灭一会儿新生，哪有久久停滞不变之现象。世上的人也好住居也好，也是如此。」

＊孔子の弟子＊

孔子の門人は非常に多くいて、三千人とも言われている。そのうち、士の教養とされる「六芸《りくげい》」(礼・楽・射・御・書・数)に通じている者は七十人もいたという。中でも特に有名なのは、いわゆる「孔門十哲」と呼ばれる学徳にすぐれた十人であった。すなわち、顔淵《がんえん》・閔子騫《びんしけん》・冉伯牛《ぜんはくぎゅう》・仲弓《ちゅうきゅう》(徳行)、冉有《ぜんゆう》・子路《しろ》(政治)、宰我《さいが》・子貢《しこう》(弁舌)、子游《しゆう》・子夏《しか》(学問)である。

24

徳は孤ならず、必ず鄰《となり》有り（里仁篇）

＊徳を身につけていれば孤独になることはない。必ず同じような有徳者が集まってくるものだ。短い言葉であるが、味わい深い言葉である。

子曰ク、
徳ハ不レ孤ナラ、必ズ有レ鄰リト。

子《し》曰《いは》く、
「徳《とく》は孤《こ》ならず、必《かなら》ず鄰《となり》有《あ》り」と。

先生が言われた、

「徳の有るものは孤立することはない。必ず志を同じくする仲間ができるものだ」と。

【徳】ここでは徳の有る人をいう。

【不孤】孤立しない。孤独になることはない。

【有鄰】「鄰」は「隣」に同じ。同類、仲間の意。徳有る仲間ができるということ。

●「桃李不言、下自成蹊」（桃李《たうり》言《ものい》はざれども、下《した》自《おのづ》から蹊《こみち》を成《な》す）という諺がある。司馬遷の『史記』李将軍列伝には、李広将軍が亡くなった日には天下の彼を知る人も知らない人も、みな将軍のために哀悼の意を表したと記述してあり、そこで司馬遷は「諺《ことわざ》に曰く」としてこの言葉を引用している。桃や李（スモモ）はものを言うことはないが、その美しい花を見、おいしい実を取るために人が集まって来るので、その木の下には自然と小道ができる、というのである。李広将軍のために多くの人が集まって来たというのも、彼には徳が備わっていたからに違いない。「徳は孤ならず」という言葉の中に、孔子は徳を身につけることの大切さを説いているのである。

司马迁《史记·李将军列传》在记述李广将军去世时，天下认识他的人也好不认识他的人也好，都对将军的逝世表示哀悼，真可谓「桃李不言，下自成蹊」。这句谚语的意思是，尽管桃树和李树不说什么，可人们为了观赏其美丽的花朵，为了摘采其可口的果实，树下竟自然而然地被走出了一条小道。为了悼念李广将军，很多人集聚而来，不正说明他有德性吗？孔子在这里强调的是道德修养的可贵之处。

25　伯牛　疾有り。子　之を問う。（雍也篇）

＊孔子の門人である冉伯牛《ぜんはくぎゅう》が病気になり、孔子はそれを見舞った。その時の孔子の態度から、我々は何を読み取ればいいのか。

伯牛有疾。子問之。自牖執其手、曰、亡之。命矣夫。斯人也而有斯疾也、斯人也而有斯疾也。

伯牛《はくぎゅう》　疾《やまひ》有《あ》り。子《し》　之《これ》を問《と》ふ。牖《まど》より其《そ》の手《て》を執《と》りて曰《いは》く、「之《こ》れ亡《な》からん。

命《めい》なるかな。斯《こ》の人《ひと》にして斯《こ》の疾《やまひ》有《あ》るや、斯《こ》の人《ひと》にして斯《こ》の疾《やまひ》有《あ》るや」

と。

孔子の門人の冉伯牛《ぜんはくぎゅう》が病気になった。孔子は彼を見舞った。窓越しに伯牛の手をとり、「こんなことはあるまいに。これも天命であろうか。こうした（立派な）人であって、このような病気になろうとは。こうした人であって、このような病気になろうとは」と、繰り返して言われた。

【伯牛】冉伯牛のこと。孔子の弟子で、名は耕、字《あざな》を伯牛といった。いわゆる孔門十哲の一人で、徳行に優れていた。

【有疾】病気にかかったことをいう。

【亡之】このような道理はあるまいに、の意。

【命矣夫】 天命であろうか。
【斯人】 伯牛のような立派な人。
【斯疾】 このような重い病気。

●孔子という人は、みずからの感情をあまり露わにしなかった人のようであった。そのことは孟子が「孔子は已甚《はなはだ》しきを為さざる者なり」(『孟子』離婁章句下)と言っていることからも分かる。しかし、重病にかかった伯牛を見舞った時、孔子は珍しく「斯の人にして斯の疾有るや、斯の人にして斯の疾有るや」と繰り返して感情を表現する。同様のことが『論語』(先進篇)にも記録されており、孔子の高弟で孔子に最も愛されていたといわれる顔回が亡くなった時、孔子は「噫《ああ》天予《よ》を喪《ほろ》ぼせり、天予を喪ぼせり」と歎いている。

悪疾に犯され、人に会うこともままならない弟子の手をとり語る孔子の言葉の中には、師としての弟子に対する情愛が溢れているのではなかろうか。

孔子似乎是一个不怎么表露自己感情的人。孟子也曾说过，「仲尼不为已甚者」（《孟子》离娄章句下）。但是，孔子在探望重病的伯牛时却不停的感慨：「斯人也而有斯疾也！斯人也而有斯疾也！」这是孔子罕见的情感表达。

在《论语》（先进篇）中也有这样的记录。孔子的高徒，也被认为是孔子最喜欢的学生颜回离世的时候，孔子哀叹道：「噫！天丧予！天丧予！」孔子握着重病弟子的手，话语中充满着无奈，也流露着老师对弟子的深爱。

26　不義にして富み且つ貴きは、我に於ては浮雲の如し

（述而篇）

＊「不義」すなわち不正によって富貴を得ることを孔子は否定した。富貴を得ることを否定したのではなく、それを得るためのやり方を問題にしているのである。

子曰《ク》、
飯《ヒ》二疏食《ヲ》一飲《ミ》レ水《ヲ》、曲《ゲテ》レ肱《ヲ》而枕《トス》レ之《ヲ》。
楽《シミ》亦《タ》在《リ》二其《ノ》中《ニ》一矣。
不義《ニシテ》而富《ミ》且《ツ》貴《キハ》、於《テハ》レ我《ニ》如《シト》二浮雲《ノ》一。

子曰《しいはく》く、

「疏食《そし》を飯《くら》ひ水《みづ》を飲《の》み、肱《ひぢ》を曲《ま》げて之《これ》を枕《まくら》とす。

楽《たの》しみ亦《ま》た其《そ》の中《うち》に在《あ》り。

不義《ふぎ》にして富《と》み且《か》つ貴《たつと》きは、我《われ》に於《お》いては浮雲《ふうん》の如《ごと》し」と。

先生は言われた、

「粗末な飯を食べ水を飲み、肱をまげて枕にする（ような貧しい生活）。

楽しみはやはりその中にある。

不正な行いによって富みまた貴くなっても、それは自分にとっては浮雲のようなものだ」

と。

【疏食】そまつなご飯。

【曲肱而枕之】ひじを曲げてそれを枕にする。食事以外の生活も簡素であることをいう。

【不義】人としての道をはずれた方法。

【富且貴】金持ちになったり出世したりする。「富」の反対は「貧」。「貴」の反対は「賤」。

【浮雲】はかないさま、あてにならないさまをいう。

●ここに取り上げた孔子のことばと同じ内容のものが、『論語』里仁篇（本書34）に見える。

子曰、富与貴、是人之所欲也。不以其道、得之不処也。貧与賤、是人之所悪也。不以其道、得之不去也。

子曰く、「富と貴とは、是《こ》れ人の欲する所なり。其の道を以てせざれば、之を得るとも処《を》らざるなり。貧と賤とは、是れ人の悪《にく》む所なり。其の道を以てせざれば、之を得るとも去らざるなり」と。

先生が言われた、「富と貴とは誰しも欲しがるものである。しかし正しい方法で得たのでなければ、そこに安住しない。貧と賤とは、誰しも嫌がるものである。しかし正しい行いをして貧賤となったのであれば、それは（天命であって）それから去ろうとはしない」と。

《论语・里仁篇》中也有相同的内容：

子曰、富与贵，是人之所欲也。不以其道，得之不处也。
贫与贱，是人之所恶也。不以其道，得之不去也。

意思是说，富贵谁都想得到，但如若不是用正确的途径得到的，就不会心安理得。贫贱是谁都厌恶的，但品行端正却依然贫贱，那是天命，就认了吧。

27 滔滔《とうとう》たる者、天下皆是《こ》れなり（微子篇）

＊ここに出てくる長沮・桀溺は隠者である。彼らは乱世において政治に関わることを嫌い、山林に隠れ住んだ。しかし、孔子は天下に道が行われていないからといって、そうした世の中を見捨てることはできないのである。

長沮・桀溺、耦シテ而耕ス。

孔子過ギレ之ヲ、使ム二子路ヲシテ問ハ一レ津ヲ焉。

長沮曰ク、

夫ノ執ルレ輿ヲ者ハ、為スレ誰ト。

子路曰ク、
為スト二孔丘一ト。
曰ク、
是レ魯ノ孔丘与ト。
対ヘテ曰ク、
是レ也ト。
曰ク、
是レ知ラントレ津ヲ矣。

問《フ》㆓於桀溺《ニ》㆒。
桀溺曰《ク》、
子《ハ》為《スト》㆑誰《ト》。
曰《ク》、
為《スト》㆓仲由《ト》㆒。
曰《ク》、
是《レ》魯《ノ》孔丘之徒与《ト》。
対《ヘテ》曰《ク》、

然《リト》。

曰《ク》、

滔滔《タル》者、天下皆是《レ》也。而《ルヲ》誰《カ》以《テ》易《ヘン》レ之《ヲ》。且《ツ》而与《リハ》三其《ノ》従《ハン》二辟《クル》レ人《ヲ》之士《ニ》一也、豈《ニ》若《カン》レ従《フニ》二辟《クル》レ世《ヲ》之士《ニ》一哉《ト》。

耰《シテ》而不レ輟《メ》。子路行《キテ》以《テ》告《グ》。

夫子憮然《トシテ》曰《ク》、

鳥獣ハ不ルレ可カラ二与ニ同ジクスレ群ヲ也。吾ハ非ズシテ二斯ノ人
之徒ト与ニスルニ一、而誰ト与ニセン。天下有ラバレ道、丘ハ不ルニ
与ニ易ヘ一也。ト

長《ちやう》沮《そ》・桀溺《けつでき》、耦《ぐう》して耕《たがや》す。
孔子《こうし》之《これ》を過《す》ぎ、子路《しろ》をして津《しん》を問《と》はしむ。
長《ちやう》沮《そ》曰《いは》く、
「夫《か》の輿《よ》を執《と》る者《もの》は、誰《たれ》と為《な》す」と。

子路《しろ》曰《いは》く、
「孔丘《こうきう》と為《な》す」と。
曰《いは》く、
「是《こ》れ魯《ろ》の孔丘《こうきう》か」と。
対《こた》へて曰《いは》く、
「是《こ》れなり」と。
曰《いは》く、
「是《こ》れ津《しん》を知《し》らん」と。

桀溺《けつでき》に問《と》ふ。
桀溺《けつでき》曰《いは》く、
「子《し》は誰《たれ》と為《な》す」と。
曰《いは》く、
「仲由《ちゆういう》と為《な》す」と。
曰《いは》く、
「是《こ》れ魯《ろ》の孔丘《こうきう》の徒《と》か」と。
対《こた》へて曰《いは》く、

「然《しか》り」と。

曰《いは》く、

「滔滔《たうたう》たる者《もの》、天下《てんか》皆《みな》是《こ》れなり。而《しか》るを誰《たれ》か以《もつ》て之《これ》を易《か》へん。且《か》つ而《なんぢ》其《そ》の人《ひと》を辟《さ》くるの士《し》に従《したが》はんよりは、豈《あ》に世《よ》を辟《さ》くるの士《し》に従《したが》ふに若《し》かんや」

と。

耰《いう》して輟《や》めず。

子路《しろ》行《ゆ》きて以《もつ》て告《つ》ぐ。

夫子《ふうし》憮然《ぶぜん》として曰《いは》く、

「鳥獣《ちょうじゅう》は与《とも》に群《むれ》を同《おな》じくす可《べ》からざるなり。吾《われ》は斯《こ》の人《ひと》の徒《と》と与《とも》にするに非《あら》ずして、誰《たれ》と与《とも》にせん。天下《てんか》道《みち》有《あ》らば、丘《きゅう》は与《とも》に易《か》へざるなり」と。

長沮と桀溺とが、ふたり並んで耕していた。孔子がそこを通りかかり、子路をやって渡し場をたずねさせた。

長沮が言った、「あの手綱を執っている人は誰か」と。

子路は言った、「孔子です」と。

(長沮が）言った、「それは魯の孔丘か」と。

(子路は）言った、「そうです」と。

(長沮が）言った、「その人なら、渡し場を知っているだろう」と。

桀溺にたずねた。

桀溺が言うことには、「君は誰か」と。

（子路は）言った、「仲由です」と。

（桀溺が）言った、「魯の孔丘の仲間か」と。

（子路は）答えて言った、「そうです」と。

（桀溺が）言った、「水が滔々として流れて返らないように、世の中のすべてがそうなのだ。それを、誰に変えることができようか。またお前は、人を避けている人に従っているよりも、世間を避けている者に付き従う方がましではないのか」と。（そう言いながら）種に土をかぶせることを止めなかった。

子路は（孔子のところへ）行って、このことを報告した。（すると）先生は思いに沈みながら言われた、「（私は）鳥や獣とは群れを同じくすることはできない。私は世の人々と一緒に暮らすのでなければ、いったい誰と暮らすことができようか。もし天下に道が行われているのなら、私はわざわざそれを変えようとはしないのだ」と。


【長沮・桀溺】隠者の名。

【子路】仲由、「子路」は字《あざな》。孔子より九歳年少の門人。

【津】船着き場。渡し場。

【執輿者】「輿」は手綱。はじめ子路が手綱を取っていたが、渡し場をたずねるために馬車から降りたので、孔子にかわった。

【孔丘】孔子のこと。「丘」は孔子の名。

【魯】孔子の生まれた国。

【対】お答えして。目上の人に答えるときに用いる。

【辟人之士】「辟」は「避」に同じ。不徳の君主を避けている人。ここでは孔子を指す。

【辟世之士】世の中を避けている人。ここでは長沮・桀溺ら隠者を指す。

【憮然】失意のさま。がっかりして、の意。

●「滔滔たる者、天下皆是れなり」と桀溺は言った。水が流れて返らないように、今の世の中は乱れて救うことはできない、という隠者としての立場からの発言である。しかし孔子は、諦めることをしなかった。あくまでも人間の世界で正しい道の行われる社会の実現を願ったのである。

桀溺说：「滔滔者，天下皆是也」。这是站在隐士立场上的发言，认为当今天下大乱如同流出去的水无法返回一样无药可救，但孔子并没有放弃，他仍然希望人类可以构建一个在正确道路上运行的社会。

28 命を知らざれば、以て君子たること無きなり（堯曰篇）

＊孔子は、みずからの生涯を振り返り、「五十にして天命を知る」と言う。天が自分に与えた命とは何か。よく考えてみたい。

子曰《ク》、
不《レバ》レ知《ラ》レ命《ヲ》、無《キ》三以《テ》為《ルコト》二君子一也。
不《レバ》レ知《ラ》レ礼《ヲ》、無《キ》二以《テ》立《ツコト》一也。
不《レバ》レ知《ラ》レ言《ヲ》、無《キ》二以《テ》知《ルコト》一レ人《ヲ》也《ト》。

子曰《しいは》く、

「命《めい》を知《し》らざれば、以《もつ》て君子《くんし》為《た》ること無《な》きなり。

礼《れい》を知《し》らざれば、以《もつ》て立《た》つこと無《な》きなり。

言《げん》を知《し》らざれば、以《もつ》て人《ひと》を知《し》ること無《な》きなり」と。

先生が言われた、

「天命を知らなければ、君子となることはできない。礼を知らなければ、人として立って行くことはできない。言葉を知らなければ、人を知ることはできない」と。

【命】天命。天から与えられた運命。

【礼】礼儀。広く社会の秩序を保つためのきまりをいう。

【立】自立すること。
【言】言葉の本質。

●『論語』の最後に置かれたこの言葉の中で、孔子は「知命」「知礼」「知言」ということを言う。みずからに与えられた天命を知り、社会の秩序を保つための礼儀をわきまえ、人の言葉の真偽を判断する。人の口から発せられた言葉は、その人のどういう思いによって発せられたのか、それを知ることは人間社会で生きて行くためには極めて重要なことである。それができてこそ、相手を思いやる心が生まれるのである。文学を学ぶ重要性は、まさにここにある。

在《论语》的最后一章中，孔子阐述了「知命」「知礼」「知言」三个方面内容。君子应该知晓天命，懂得维持社会秩序的礼仪，学会分辨话语的真假。一个人说出的话能够表达他的想法，要想在人类社会中生存下去，了解这些是十分重要的。只有做到了这几点，才能体贴关怀他人。学习文学的重要性也正在于此。

29 子の燕居は、申申如たり（述而篇）

＊孔子のふだんの生活のひとこまを垣間見ることができる内容である。孔子の弟子たちには、家での先生の様子がこのように感じられたのであろう。

子之燕居《ハ》、申申如《タリ》也。夭夭如《タリ》也。

子《し》の燕居《えんきょ》は、申申如《しんしんじょ》たり。夭夭如《えうえうじょ》たり。

先生が家でくつろいでおられるときは、本当にのんびりとしていて、まことににこやかであった。

【燕居】朝廷から退いて家に居るときの様子。「燕」は「宴」に同じで、くつろぐことをいう。

【申申如】のびのびとして和らいでいるさま。

【夭夭如】容貌がゆったりとしてあでやかであるさま。

●『論語』は孔子の言行録であり、孔子の言ったこと、したことを弟子たちがまとめたものである。いわゆる職務にあるときとは違って、家にいてくつろいでいる先生の様子を記録した内容であり、孔子のふだんの生活の様子が短い記述の中から伝わってくる。

《论语》是孔子言行的记录，是由弟子们将孔子所说的话、所做的事总结而成的。书中的内容并不是孔子工作时的状态，而是记录了他的日常起居。通过这些对孔子日常生活的简短描述，我们可以感受到孔子在现实生活中的样子。

「仁」の思想

『論語』の中には、およそ「仁」字が百例有るといわれている。孔子の思想を探る上で最も重要なのが「仁」といってもよい。

孔子は『論語』において、「仁」の心こそが全ての基本であると言っている。孔子の弟子の有若《ゆうじゃく》（字《あざな》は子有《しゆう》）の言葉が『論語』学而篇に、次のように記されている。

有子曰く、「其の人と為《な》りや、孝弟にして上《かみ》を犯すことを好む者は鮮《すく》なし。上を犯すことを好まずして乱を作《な》すことを好む者は、未だ之《こ》れ有らざるなり。君子は本《もと》を務む。本《もと》立ちて道《みち》生ず。孝弟なる者は、其れ仁の本為《た》るか」と。

有子が言うには、「その人柄が孝（親に孝行し）悌（年長者を敬う）であって、それで目上の人に逆らうことを好む者はまずいない。目上の人に逆らうことを好まないで社会平和を乱す者は、これまで有ったためしがない。君子たる者は、ものの根本に力を注ぐものである。根本がしっかり定まれば、その先の道はおのずから開けてくる。すなわち孝と弟（悌）とは、仁の根本であると言ってもよい」と。

すなわち、子が親に、目下の者が目上の者に仕えるということから「仁」が始まるとするのである。そうして、人間と人間との関係を維持し、社会の秩序と調和を保つためには、「孝」と「弟」とを中心とした人間の愛情、真心（恕《じょ》）を、周囲に及ぼしていくことが必要であると、孔子は考えたのである。

「仁」の実践の具体的な方法について、孔子は「礼」の実践を説く。『論語』顔淵篇に、

己《おのれ》に克《か》ちて礼に復《ふく》するを仁と為《な》す。

と言うように、「礼」は、「仁」の心を形として外に表したものであり、「礼」に従って行動するうちに、次第に「仁」の心が身に付いてくるのである。

本章にも取り上げた孔子の言葉、

仁者は山を楽しむ。仁者は寿《いのちなが》し。

のように、人徳を身に付け義理に安んじ、動くことの無い山を好み、あくせくすることなく長寿を保つことのできる仁者に、少しでも近づけるようにしたいものである。

30　吾が道は一以て之を貫く（里仁篇）

＊「忠」とは真心を尽くすことをいい、「恕」とは相手の立場になって考えることをいう。うわべだけ相手を思いやるような振りをしても、そこには「忠」が無いために「恕」とは言えない。相手のことを、あたかも自分のことのように親身になって思うのが「恕」なのである。

子曰《ク》、

参乎、吾《ガ》道《ハ》一以《テ》貫《クト》レ之《ヲ》。

曾子曰《ク》、

唯《ト》。

子出《ヅ》。

門人問《ヒテ》曰《ク》、

何《ノ》謂《ゾ》也《ト》。

曾子曰《ク》、

夫子之道《ハ》、忠恕而已矣《ト》。

子《し》曰《いは》く、

「参《しん》や、吾《わ》が道《みち》は一以《いつもつ》て之《これ》を貫《つらぬ》く」と。

曾子《そうし》曰《いは》く、

「唯《ゐ》」と。

子《し》出《い》づ。

門人《もんじん》問《と》ひて曰《いは》く、

「何《なん》の謂《いひ》ぞや」と。

曾子《そうし》曰《いは》く、

「夫子《ふうし》の道《みち》は、忠恕《ちゅうじょ》のみ」と。

先生が言われた、

「参《しん》よ、わたしの道は一つのもので貫かれている」と。

曽子は、「はい」と言った。

先生が部屋を出られた。

門人がたずねて言った、「どういう意味ですか」と。

曽子は言った、

「先生の道は真心を尽くすことと思いやりということだけなのだ」と。


【参】曽子の名。字《あざな》は子輿《しよ》。孔子の弟子で、親孝行で有名。孔子よりも四十六歳年少。

【一以貫之】一つのもので貫かれている。一貫している。

【唯】目上の人に対する丁寧な返事。「諾」と答えるのは雑な返事のしかた。

【子出】孔子が部屋から出て行った。この時、孔子は曽子の部屋に来ていたのであろう。

【門人】その場に居合わせた孔子の門人たち。

【夫子】先生。孔子のこと。

【而已矣】この三字で「のみ」と訓読する。断定を表わす。

●「恕」については、『論語』衛霊公篇にも次のようにある。

子貢《しこう》問《と》ひて曰《いは》く、「一言《いちげん》にして以《もつ》て終身之《しゆうしんこれ》を行《おこな》ふ可《べ》き者《もの》有《あ》りや」と。

子曰《しいは》く、「其《そ》れ恕《じよ》か。己《おのれ》の欲《ほつ》せざる所《ところ》を、人《ひと》に施《ほどこ》すこと勿《な》かれ」と。

子貢がたずねて言った、「ただ一言でもって一生涯それを行う価値のあるものは有るでしょうか」と。

先生は言われた、「それは恕であろうか。自分が人からされたくないことを、他人に対して行わないことだ」と。

社会生活を行っていく上で、最も基本となることであろう。誰もがこの「恕」の心を持って生活すれば、争いごとは起こらないはずである。

关于「恕」，《论语·卫灵公篇》也言及：「子贡问曰，〈有一言而可以终身行之者乎。〉子曰，〈其恕乎。己所不欲，勿施于人。〉」

子贡请教道：「有没有一句可以终生行之有效且有价值的话？」先生教导说：「那可能就是〈恕〉吧。自己不想接受的他人的言行，反过来不要把这样的言行施于他人。

在孔子看来，这是社会生活运行的最基本的准则，如果社会每位成员都用「恕」的心态去生活，社会就不会产生任何纷争了。

31　剛毅木訥、仁に近し（子路篇）

＊孔子の説く「仁」とは、いったいいかなるものなのか。「剛毅木訥」なる人は、「仁」に近い人であると孔子は言う。

子曰ク、剛毅木訥、近シトレ仁ニ。

子《し》曰《いは》く、

「剛《がう》毅《き》木《ぼく》訥《とつ》、仁《じん》に近《ちか》し」と。

先生が言われた、

「意志が強くて欲が無く、言動に飾り気のない人は、仁に近い人である」と。

【剛毅】意志が強く無欲で決断力のあること。

【木訥】「木」は「朴」に同じ。飾り気の無いこと。「訥」は口べた。口数の少ないこと。

●「剛毅」すなわち無欲で意志が強ければ、誘惑に負けることなく道義を守ることができる。「木訥」すなわち自分を飾ることなく口べたな人は、実は口先だけの人よりも実行力がある。このような人は「仁」を備えた人であるとは言えないが、それに近い人である。次節に挙げる「巧言令色《こうげんれいしょく》、鮮なし仁」とは、同じ内容をうらおもてから述べた内容となっている。

「刚毅」即无欲且意志坚强，能够不受诱惑而坚守道义。「木讷」即不善于粉饰自己、不夸夸其谈的人，实际上这种人比口若悬河者具有务实能力。这类人虽不能说是仁人，但已相接近。下一节出现的「巧言令色，鲜矣仁。」是同这一节相辅相成的姊妹篇。

32

巧言令色、鮮《すく》なし仁 （学而篇）

＊孔子は「仁」なる人の条件として、うわべを飾るよりも内面の充実が大切であると考えていたようである。

子曰《ク》、
巧言令色、鮮《ナシ》矣仁《ト》。

子《し》曰《いは》く、
「巧言令色《かうげんれいしょく》、鮮《すく》なし仁《じん》」と。

先生が言われた、
「口先がうまく顔つきを飾って取り入ろうとする人には、仁の心は無いものだ」と。
【巧言】ことばを飾ってお世辞を言うこと。
【令色】相手の気に入るような顔つきをすること。
【鮮】「少」に同じ。すくない。
●「巧言」については、『論語』衛霊公篇に「巧言は徳を乱《みだ》る」とある。口先だけでうまいことを言っても、内容がともなわないために、徳を乱し害することになると孔子は言うのである。また『論語』公冶長篇には「巧言、令色、足恭《すうきょう》は、左丘明之《さきゅうめいこれ》を恥《は》づ。丘《きゅう》も亦《ま》た之を恥づ」とある。「足恭」とは度の過ぎた丁重さをいう。「巧言・令色・足恭」については、孔子の先輩である左丘明はこれを恥じたが、自分もまたこれを恥と思う、と言っている。

《论语·卫灵公篇》中有「巧言乱德」句。意思是说，只是玩弄辞令而没有实际内容，就会乱德为害。《论语·公冶长篇》中也有相关的句子：「巧言、令色、足恭，左丘明耻之，丘亦耻之。」「足恭」是过分表示尊敬的意思。孔子的前辈左丘明以「巧言、令色、足恭」为耻，孔子也以此为耻。

33　道に聴きて塗《みち》に説く（陽貨篇）

＊せっかくの善言を聞いても、それを忘れてしまっては何の意味も無く、みずから徳を棄てるようなものである、と孔子は言う。

子　曰《ク》、

道《ニ》　聴《キテ》　而　塗《ニ》　説《クハ》、　徳《ヲ》　之《レ》　棄《ツル》　也《ト》。

子《し》曰《いは》く、

「道《みち》に聴《き》きて塗《みち》に説《と》くは、徳《とく》を之《こ》れ棄《す》つるなり」と。

先生が言われた、

「道の途中で（善言を）聴いても、それをすぐにまた路上で人に話して（忘れてしまって）は、これではみずから徳を棄てるようなものである」と。

【道聴】道中で聞く。行く道の途中で善言を聞くことを言う。

【塗説】さっき聞いたことを、すぐにまた道中で他人に伝えること。

【徳】せっかく身に付いたもの。

●「道聴塗説」（知識などの理解がいい加減で自分の身に付いていていない）という四字熟語の出典となる孔子の言葉。せっかく聴いた善言であっても、その内容をよく思索して自分のものとすることが無ければ、まったく意味がなく、それでは自分から徳を棄てるようなものであると孔子は言う。

『荀子』勧学篇に、「小人《せうじん》の学は、耳より入りて口より出づ。口耳の間、則ち四寸のみ。曷《いづく》んぞ以て七尺の軀《からだ》を美とするに足らんや」とあり、小人（徳の足らない者）の学問は、人から聞いたことを、そのまま人に伝えるだけの受け売りのものである、という「道聴塗説」と同様のことが記されている。

孔子的这句话，正是四字成语「道听途说」（形容对知识等的理解不精确，没有真正掌握）的出处。孔子说，一个人即使听到了好的教诲，如果他不仔细思考，将教诲变成自己的东西，那依然没有意义，这种做法无异于放弃了自己的德。

《荀子》劝学篇中讲到，「小人之学也，入乎耳，出乎口。口耳之间，则四寸耳，曷足以美七尺之躯哉？」意思是说，小人（即德行不足之人）的学问，仅仅是将从他人处听来的东西原样贩售给别人。这与「道听途说」观点非常类似。

34　君子は仁を去りて、悪《いず》くにか名を成さん（里仁篇）

＊人はみな金持ちになりたいし出世もしたい。孔子は、人が富貴になるのを願うことを否定しなかった。富貴を欲し、貧賤を悪《にく》むことは人の性として当然であるからである。

子曰《ク》、
富《ト》与《ハ》レ貴、是《レ》人之所レ欲《スル》也。
不《レバ》下以《テ》二其《ノ》道《ヲ》一得上之《ヲ》、不《ル》レ処《ラ》也。
貧《ト》与《ハ》レ賤、是《レ》人之所レ悪《ム》也。

不レバ下以テ二其ノ道ヲ一得上之ヲ、不ルレ去ラ也。
君子ハ去リテレ仁ヲ、悪ニカ乎成サンレ名ヲ。
君子ハ無ク二終食之間モ違フコト一レ仁ニ、
造次ニモ必ズ於テシレ是ニ、顚沛ニモ必ズ於テストレ是ニ。

子《し》曰《いは》く、
「富《とみ》と貴《たふとき》とは、是《こ》れ人《ひと》の欲《ほつ》する所《ところ》なり。
其《そ》の道《みち》を以《もつ》て之《これ》を得《え》ざれば、処《を》らざるなり。
貧《まづしき》と賤《いやしき》とは、是《こ》れ人《ひと》の悪《にく》む所《ところ》なり。

其《そ》の道《みち》を以《もっ》て之《これ》を得《え》ざれば、去《さ》らざるなり。
君子《くんし》は仁を去《さ》りて、悪《いづく》にか名《な》を成《な》さん。
君子《くんし》は終《しゅう》食《しょく》の間《かん》も仁《じん》に違《たが》ふこと無《な》く、
造次《ぞうじ》にも必《かなら》ず是《これ》に於《お》てし、顚沛《てんぱい》にも必《かなら》ず是《これ》に於《お》てす」と。

先生が言われた、

「富と貴い身分とは、誰もが欲しがるものである。（しかし、）それにふさわしい方法で得たのでなければ、そこに安住しない。貧と賤しい身分とは、誰もが嫌がるものである。（しかし、）そうなるような方法で得たのでなければ、それも避けない。

君子は仁徳を離れて、どこに名を得ることができようぞ。君子は食事をする間も仁から離れることはなく、とっさの場合にもそこにおり、急に躓《つまず》き倒れた時にもそこにいるものだ」と。

【富与貴】「富」は財産が多いこと。「貴」は高い地位にあること。

【不以其道得之、不処也】「其道」とは、富貴を得るための正しい方法。「不処」とは、富貴に安住しないことをいう。ここを「不レ以二其道一、得レ之不レ処也」（其の道を以てせざれば、之を得るとも処らざるなり）と読むものもあるが、意味はあまり変わらない。

【貧与賤】「貧」は財に乏しいこと。「賤」は地位の低いこと。

【悪】にくむ。嫌悪する。

【不以其道得之、不去也】「其道」とは、貧賤となるべき生き方。「不去」は貧賤から去らないことをいう。

【造次】慌ただしく、暇の無いこと。

【顛沛】つまずき、倒れること。そのような危急の場合。

●『論語』述而篇（本書26）にも「不義にして富み且つ貴きは、我に於ては浮雲の如し」と、この章と同じような考え方を述べた孔子の言葉が見える。正しい行いをしても、人は富貴になれず、貧賤になることもある。しかし、これは天の時というものがあって、どうしようもないことである。ただ、いかなる時も君子たる者は、「仁」から離れてはならない。「仁」を去ったら君子ではなくなってしまう、というのが孔子の考えである。

前面第26节有「不义而富且贵，于我如浮云」的句子，这一节的内容也相同。孔子认为，有人品行端正却得不到富贵且依然贫贱，这是天命，是没有法子的事。然而，不管什么时候，君子不能脱离「仁」。一旦脱离「仁」，就不成其为君子了。

35 知者は水を楽しみ、仁者は山を楽しむ（雍也篇）

＊知者と仁者との風格について、孔子はそれを水と山とに譬えて語った。古来有名な孔子の言葉である。

子曰《ク》、
知者《ハ》楽《シミ》レ水《ヲ》、仁者《ハ》楽《シム》レ山《ヲ》。
知者《ハ》動《キ》、仁者《ハ》静《カナリ》。
知者《ハ》楽《シミ》、仁者《ハ》寿《シト》。

子曰《しいは》く、
「知者《ちしゃ》は水《みづ》を楽《たの》しみ、仁者《じんしゃ》は山《やま》を楽《たの》しむ。
知者《ちしゃ》は動《うご》き、仁者《じんしゃ》は静《しづ》かなり。
知者《ちしゃ》は楽《たの》しみ、仁者《じんしゃ》は寿《いのちなが》し」と。

先生が言われた、
「知者は水を楽しみ、仁者は山を楽しむ。
知者は動いて止むことなく、仁者は静かにじっとしている。
知者はいつも楽しみ、仁者は長生きである」と。

【知者】「知」は「智」に同じ。物事の通りに精通した人をいう。
【水】動かない山に対して流れる川をいう。
【仁者】人徳を備えた人。
【寿】長生きをすること。

●「知者」は何事にも精通しており、あらゆることに滞ることが無いので、流れて止むことのない「水」を楽しみ喜ぶのである。そのために、知者は水の流れのように動いて止むことなく、変化の中にあるので常に楽しんでおられる。いっぽう「仁者」は、人徳を備え義理に安んじているので、動くことの無い山を好み、すべてにおいて安んじているから、あくせくすることも無いので長寿を保つことができるのである。

「智者」精通世间事物，不止步于任何事物，乐于欣赏川流不息的「水」。因此，智者如水流一样动而不止，享受着变化中的乐趣。与此形成对照，仁者具有良好品德且安于义理，喜欢静止不动的山，安于眼前的一切现状，加之不劳碌辛苦，所以能延年益寿。

あとがき

『論語』は、漢字文化圏のみならず、多くの言語に翻訳され、おそらく世界の中で最もよく読まれている書物のうちの一つであろう。その理由は幾つかあると思われるが、やはりそこで語られている孔子の言葉が、それを読む者の心に響くからではなかろうか。

そもそも『論語』という書物は、孔子がみずから筆を執って書いたものではない。孔子の死後、弟子たちが、かつて先生はこのようなことを言われた、先生はこのようなことをされた、というふうに、それぞれの記憶をもとにして纏められた、いわば孔子の言行録である。

それでは弟子の記憶の中に、孔子の言葉が残ったのはなぜなのであろうか。そこには教育者としての孔子の工夫があった。孔子の言葉は、短くて覚えやすい。覚えやすい理由の一つは、繰り返しである。『論語』の冒頭に置かれた「学びて時に之を習う。亦た説ばしからずや。朋有り遠方より来る。亦た楽しからずや。人知らずして慍みず。亦た君子ならずや」の章は、それぞれが「亦た〜ずや」という繰り返しとなっていて、リズムがあって覚えやすい。教科書もなく、筆記用具も容易に準備できない孔子の時代にあって、学問の方法は、もっぱら先生の言葉を暗唱することであった。孔子は弟子たちが記憶しやすいように、繰り返しを多用し、できるだけ短い言葉で教育を行ったのである。それと同時に、弟子たちも先生の言葉を聞き漏らすことのないようにと、精神を集中させていたに違いない。

コロナ禍にあって、学校現場においても対面の授業が無くなったり少なくなったりして、オンラインの授業が多くなった。授業の内容は記録され、後から繰り返し視聴することも可能である。しかし、先生の顔や身振り手振りを見ながら聴く授業とは、何かが違っているように思われてならない。

二千年以上も前の先人たちが大切に残してくれた『論語』によって、私たちは孔子の言葉を知ることができる。孔子がその言葉を語った、その時の孔子の思い、孔子の教えを、是非ともこの書を通じて味わって頂きたい。

佐藤利行

小丸成洋（こまる　しげひろ）

1950 年生まれ
福山通運代表取締役社長
福山商工会議所会頭
公益財団法人渋谷育英会理事長
元 日本放送協会経営委員会委員長

佐藤利行（さとう　としゆき）

1957 年生まれ
福山市立大学理事長・学長
比較語言文化学会会長
公益財団法人小丸交通財団理事
首都師範大学特別招聘教授

中国語訳：李均洋（首都師範大学教授）
劉金鵬（広島大学助教）

孔子の教え

2023 年 5 月 31 日　初版発行

編著者／小丸成洋・佐藤利行

発行者／佐藤和幸

発行所／㈱ 白帝社

〒 171-0014　豊島区池袋 2-65-1

電話 03（3986）3271　FAX 03（3986）3272

https://www.hakuteisha.co.jp

組版／㈱柳葉コーポレーション
印刷・製本／㈱ティーケー出版印刷